PRERROGATIVAS DA ADVOCACIA PÚBLICA

DIREITOS NÃO SÃO BENEFÍCIOS, MAS INSTRUMENTOS DA DEMOCRACIA PARA UMA ATUAÇÃO EFICIENTE E ÉTICA NO TRATO DA COISA PÚBLICA

LUIZ HENRIQUE SORMANI BARBUGIANI

Coordenador

Prefácio
Gilberto Giacoia

PRERROGATIVAS DA ADVOCACIA PÚBLICA

DIREITOS NÃO SÃO BENEFÍCIOS, MAS INSTRUMENTOS DA DEMOCRACIA PARA UMA ATUAÇÃO EFICIENTE E ÉTICA NO TRATO DA COISA PÚBLICA

Belo Horizonte

2016

© 2016 Editora Fórum Ltda.

É proibida a reprodução total ou parcial desta obra, por qualquer meio eletrônico, inclusive por processos xerográficos, sem autorização expressa do Editor.

Conselho Editorial

Adilson Abreu Dallari
Alécia Paolucci Nogueira Bicalho
Alexandre Coutinho Pagliarini
André Ramos Tavares
Carlos Ayres Britto
Carlos Mário da Silva Velloso
Cármen Lúcia Antunes Rocha
Cesar Augusto Guimarães Pereira
Clovis Beznos
Cristiana Fortini
Dinorá Adelaide Musetti Grotti
Diogo de Figueiredo Moreira Neto
Egon Bockmann Moreira
Emerson Gabardo
Fabrício Motta
Fernando Rossi

Flávio Henrique Unes Pereira
Floriano de Azevedo Marques Neto
Gustavo Justino de Oliveira
Inês Virgínia Prado Soares
Jorge Ulisses Jacoby Fernandes
Juarez Freitas
Luciano Ferraz
Lúcio Delfino
Marcia Carla Pereira Ribeiro
Márcio Cammarosano
Marcos Ehrhardt Jr.
Maria Sylvia Zanella Di Pietro
Ney José de Freitas
Oswaldo Othon de Pontes Saraiva Filho
Paulo Modesto
Romeu Felipe Bacellar Filho
Sérgio Guerra

Luís Cláudio Rodrigues Ferreira
Presidente e Editor

Coordenação editorial: Leonardo Eustáquio Siqueira Araújo

Av. Afonso Pena, 2770 – 15º andar – Savassi – CEP 30130-012
Belo Horizonte – Minas Gerais – Tel.: (31) 2121.4900 / 2121.4949
www.editoraforum.com.br – editoraforum@editoraforum.com.br

P922   Prerrogativas da advocacia pública: direitos não são benefícios, mas instrumentos da democracia para uma atuação eficiente e ética no trato da coisa pública / Coordenador: Luiz Henrique Sormani Barbugiani; prefácio de Gilberto Giacoia. Belo Horizonte: Fórum, 2016.

156 p.
ISBN 978-85-450-0142-3

1. Direito administrativo. 2. Direito público. I. Barbugiani, Luiz Henrique Sormani. II. Giacoia, Gilberto.

CDD: 341.3
CDU: 342.9

Informação bibliográfica deste livro, conforme a NBR 6023:2002 da Associação Brasileira de Normas Técnicas (ABNT):

BARBUGIANI, Luiz Henrique Sormani (Coord.). Prerrogativas da advocacia pública: direitos não são benefícios, mas instrumentos da democracia para uma atuação eficiente e ética no trato da coisa pública. Belo Horizonte: Fórum, 2016. 156 p. ISBN 978-85-450-0142-3.

Dedico esta obra para minha querida família e meus amigos que demonstraram ao longo dos anos lealdade e princípios sólidos.

Agradeço o apoio do Procurador-Geral do Estado do Paraná, Dr. Paulo Sergio Rosso, e da Procuradora do Estado, Dra. Paula Schmitz de Schmitz, incentivadores de minhas pesquisas em contínuo aprimoramento profissional, e o amigo, também Procurador do Estado, Dr. Sergio Botto de Lacerda, sempre atuante na defesa das prerrogativas da Advocacia Pública.

SUMÁRIO

PREFÁCIO
Gilberto Giacoia... 11

APRESENTAÇÃO
Luiz Henrique Sormani Barbugiani.. 15

O ADVOGADO PÚBLICO E O CRIME DE DESOBEDIÊNCIA:
CONSIDERAÇÕES SOBRE AS PRERROGATIVAS DA ADVOCACIA
PÚBLICA
Luiz Henrique Sormani Barbugiani.. 17
Introdução 17
Prerrogativas 17
Crime de desobediência e o servidor público 18
Considerações finais.. 52
Referências.. 53

A ADVOCACIA PÚBLICA E O COMBATE À CORRUPÇÃO:
DESTAQUE ÀS PREVISÕES DA LEI ANTICORRUPÇÃO
Leila Cuéllar, Clóvis Alberto Bertolini de Pinho................................... 55

I Introdução 55
II Os Advogados Públicos nas Constituições brasileiras 57
III O atual panorama jurídico-legal dos advogados públicos.................. 64
IV O papel de controle e fiscalização da regularidade dos procedimentos
da Administração Pública 70
V O papel da advocacia pública previsto na Lei Anticorrupção............ 74
VI Considerações finais.. 83
Referências.. 84

O ADVOGADO PÚBLICO E A INVIOLABILIDADE DE SEU
INSTRUMENTAL DE TRABALHO
Eroulths Cortiano Junior, André Luiz Arnt Ramos............................... 89

1 A OAB, a advocacia pública e a advocacia privada: prerrogativas 89
2 A inviolabilidade do instrumental de trabalho como prerrogativa
do advogado.. 91
3 As peculiaridades da advocacia pública e seu instrumental 94
4 Conclusões... 98
Referências.. 99

IMUNIDADE PROFISSIONAL DO PROCURADOR E OS PARECERES NO PROCESSO ADMINISTRATIVO LICITATÓRIO

Bruno Grego Santos...101

Introdução 101
1 Da natureza do parecer jurídico em procedimentos licitatórios e da responsabilidade dele decorrente 102
2 Da ausência de poder decisório do advogado público...........................108
3 A questão da responsabilidade por dolo ou erro grave.........................112
Conclusões...116
Referências...117

A TUTELA CAUTELAR FISCAL COMO PRERROGATIVA DA FAZENDA PÚBLICA E INSTRUMENTO DE JUSTIÇA TRIBUTÁRIA

Eduardo Moreira Lima Rodrigues de Castro..119

1 Introdução...119
2 Teoria geral da tutela cautelar..120
3 A tutela cautelar fiscal 123
3.1 Linhas gerais 123
3.2 Mérito e técnica de efetivação da tutela cautelar fiscal........................127
4 Tutela cautelar fiscal como instrumento de justiça tributária: a interpretação constitucional da Lei nº 8.397/92..130
5 Conclusão..132
Referências...133

A CRIMINALIZAÇÃO DA VIOLAÇÃO DAS PRERROGATIVAS DO ADVOGADO E A ADVOCACIA PÚBLICA

Ernesto Alessandro Tavares 135

1 Cenário contemporâneo 136
2 As prerrogativas do advogado e a advocacia pública 140
3 Prerrogativas da advocacia como bem jurídico penal 144
4 A necessidade de serem conciliadas as imunidades da magistratura, do Ministério Público e da advocacia..148
5 Considerações finais..151
Referências...152

SOBRE OS AUTORES..155

PREFÁCIO

Distinguido imeritamente pelo honroso convite a mim formulado em tributo à generosidade do Procurador Luiz Henrique Sormani Barbugiani, destacado intelectual do Direito que, brilhantemente, coordena esta importante obra (além de, também, subscrevê-la como coautor), para prefaciá-la, de pronto (por bem conhecê-lo) aceitei e, agora, após sua ligeira leitura, o faço com viva alegria e incontido orgulho por compartilhar, ainda que perifericamente, de um belo trabalho muito bem organizado, de forma a proporcionar, com cores fortes, um giro panorâmico ao universo da Advocacia Pública, centrado nas prerrogativas do Advogado Público muito menos como garantias ou privilégios individuais, e muito mais, como deve mesmo ser, como mecanismos pétreos para o asseguramento de uma atuação equilibrada e efetiva na defesa do patrimônio público e, assim, do Estado Democrático de Direito.

E isso sob objetiva crítica, desde uma ainda que reflexa visão jus-filosófica fundada na ética em prol de uma responsabilidade sustentável, às pilastras pragmáticas desse construto teórico criativo, ancorado em princípios constitucionais e administrativos que delineiam a Instituição, conciliando o propósito de uma maior eficiência na prestação dos serviços públicos com a moralidade administrativa, tudo dirigido à aceitação e ampliação dessas balizas de invulnerabilidade no seu exercício, desde que vistas sob a ótica jurídica promocional, no sentido de promover, efetivamente, a pessoa humana para a qual, em última instância, se dirige.

O enfrentamento desta tão relevante quanto atual questão tem como ponto de partida e núcleo duro o escorço histórico-evolutivo do Estado Liberal ao Estado Social e de como se dá a gradativa perda de sua pretensa capacidade tutelar, no sentido de cuidar de todos os segmentos ou setores da vida social, optando pela redução de seu tradicional tamanho já que o modelo clássico, em plena erosão, se dá

LUIZ HENRIQUE SORMANI BARBUGIANI (COORD.)
PRERROGATIVAS DA ADVOCACIA PÚBLICA – DIREITOS NÃO SÃO BENEFÍCIOS, MAS INSTRUMENTOS DA DEMOCRACIA...

em detrimento da qualidade e eficiência de serviços públicos essenciais e adequados ao trânsito das relações humanas em sociedade.

Ressalta-se, pois, na temática da Advocacia Pública, a promoção e defesa do interesse público, buscando-se estabelecer a fronteira, nem sempre bem delimitada, entre o que se reputa dimensão de Estado e os circuitos próprios de governo no cipoal dos quais muitas vezes se enroscam as escusas manobras de favorecimento que, invariavelmente, conduzem à vala da corrupção os recursos tão necessários à implementação das políticas sociais públicas.

Essa estratégia, nesta obra, se dá dentro de uma perspectiva constitucional, partindo-se da consistente análise da intransigente proteção do interesse público assim concebido como defesa de Estado.

Nesta perspectiva, a abordagem que sustenta a afirmação e ampliação das prerrogativas da Advocacia Pública ganha contornos de sustentação em eixos garantistas que funcionam como ferramentas a serviço da própria promoção do interesse público, afastando-se, assim, da esfera do patrimônio privado do profissional que exerce a função de Advogado Público e situando-se no âmbito da tutela dos serviços públicos essenciais à construção de uma sociedade melhor e mais justa.

Afinal, esta é a meta da República Brasileira, como insculpida em seu Pacto Social cidadão, qual seja, a de uma sociedade livre, justa e solidária.

Abre a coletânea de artigos, o texto de autoria do Coordenador, compreendendo o enfoque das prerrogativas do Advogado Público com o diferencial em relação aos demais advogados fundado na conotação do exercício de uma função pública para defesa do bem comum, refletida nos interesses da pessoa jurídica de direito público que representa e, nessa representação, o recorte do subsistema de abusos dos Juízes, mediante formas coercitivas de cumprimento de determinações judiciais, sob ameaça de desobediência, em detrimento daquelas prerrogativas.

Segue-se o texto de autoria conjunta de Leila Cuéllar e Clóvis Alberto Bertolini de Pinho, consistente em interessante ensaio sobre o papel da Advocacia Pública no combate à corrupção, compreendendo ligeiro escorço histórico da Advocacia Pública na ordem jurídica brasileira, notadamente constitucional, bem como seu atual papel de controle e fiscalização da Administração Pública, projetando-o no fluxo da inovadora Lei Anticorrupção.

Na sequência, Eroulths Cortiano Junior e André Luiz Arnt Ramos apontam a inviolabilidade do instrumental de trabalho do Advogado

PREFÁCIO | 13

Público como processo de superação de corte discriminatório das manifestações corporativas em contexto *interna corporis* da classe dos advogados, por seus órgãos de representação.

Após, Bruno Grego Santos foca a imunidade profissional dos Procuradores Públicos em seus pronunciamentos e em suas participações no processo administrativo licitatório.

Em seguida, no recorte do sistema constitucional tributário, Eduardo Moreira Lima Rodrigues de Castro cuida da tutela cautelar fiscal como garante da Fazenda Pública e instrumento de justiça tributária.

E, por fim, fechando a obra, Ernesto Alessandro Tavares traz a tônica das prerrogativas da Advocacia Pública, a partir de um histórico da Instituição, para a ótica da criminalização de sua violação.

Uma palavra, pois, de enaltecimento aos dedicados Autores que protagonizam esta refinada coletânea de textos.

Mas, mais ainda, ao seu qualificado Coordenador, o Procurador do Estado do Paraná Luiz Henrique Sormani Barbugiani, admirado na ambiência forense, a partir da qual, com destaque institucional e responsabilidade cívica, vem desempenhando seu mister processual de forma impecável, sem nunca descurar de ininterrupto aperfeiçoamento técnico-jurídico, engajando-se como poucos às hostes acadêmicas, de modo a se identificar como respeitado e consultado jovem jurista.

Como em outra ocasião me referi, citando Carl Jung, *quem olha para dentro sonha, quem olha para fora desperta*. E é desse despertar que se tem que tratar nessa importante quadra da história deste País, que se mostra mais transparente, mas que ainda reluta em assumir com denodo seu papel saneador da vida pública e da política pelo imperativo da ética, de modo a que a transparência não represente mais mero arremedo de aparência ou teatralidade, mas sim clara opção pelo correto e pelo justo que tanto encanta nossos corações e nosso ideal.

É nessa direção que este livro se orienta. Com isso, contribui decisivamente para a preservação de nossos mais caros valores sociais, insistindo em cultivar o calcinado chão desértico de nossa geografia política e econômica, por acreditar na possibilidade de nela brotar, fora do oásis dos privilégios, as sementes de um novo tempo. E o faz, no trato da Advocacia Pública, sob a séria advertência de José Ingenieros: *ser digno é não ter que pedir o que se merece, nem aceitar o imerecido.*

Portanto, entrega-se à comunidade jurídica mais um portal que permite a incursão reflexiva sobre assunto de vivo interesse na modernidade, aproximando ou ao menos reduzindo a distância entre o econômico e os direitos sociais, na esteira de se alcançar maior otimização, racionalidade e resolutividade na gestão pública, sem descurar do norte para o qual ela se dirige, qual seja a promoção da dignidade humana.

Aproveite bem, caro(a) Leitor(a).

Gilberto Giacoia

Atual Procurador-Geral de Justiça do MP/PR.

Professor Doutor (USP) e Pós-Doutor (Universidades de Coimbra-PO e Barcelona-ES).

APRESENTAÇÃO

O tema escolhido para desenvolvimento desta coletânea de artigos foi "Prerrogativas da Advocacia Pública", no intuito de estimular o estudo e o reconhecimento do valor inerente ao exercício da Advocacia pelos diversos Advogados Públicos nos âmbitos federal, estadual e municipal.

Os artigos foram elaborados por Procuradores e juristas que demonstram conhecimento prático e/ou teórico consolidado sobre os tópicos abordados, com o objetivo de demonstrar a importância da postulação em juízo ou fora dele, na promoção e defesa dos interesses públicos em prol não só das pessoas jurídicas de direito público, como também de toda a sociedade.

Para prefaciar a obra, diante do tema pertinente à defesa de direitos humanos essenciais ao exercício pleno das funções públicas pelos Advogados Públicos, formulou-se o convite ao Dr. Gilberto Giacoia, Procurador-Geral de Justiça e eminente defensor das prerrogativas públicas em prol da sociedade, tendo sido prontamente aceito, circunstância que enobrece ainda mais esta pesquisa.

A acepção do termo "prerrogativas" deve ser ampla o suficiente para demonstrar uma interdependência entre os diversos ramos jurídicos, como o direito administrativo, o direito constitucional, o direito penal, o direito processual, entre outros que permeiam a atuação das entidades públicas por meio de seus representantes na esfera judicial e extrajudicial.

A diversidade dos temas tratados nesta obra demonstra que praticamente todos os ramos jurídicos, a depender do enfoque em que a matéria é analisada, poderão ensejar a percepção sob o viés da prerrogativa no exercício das funções do Advogado Público.

As prerrogativas não existem para consagrar um benefício ou privilégio ao Advogado Público, mas sim como um instrumento adequado para que no exercício de suas funções possa atuar com independência na promoção do interesse público. Por conseguinte, nesse contexto, as mencionadas prerrogativas não devem ser restringidas, mas sim ampliadas, com a ambição de viabilizar cada vez mais o objetivo maior pelo qual foram instituídas, qual seja, o bem-estar geral dos cidadãos enquanto membros da sociedade e destinatários dos serviços públicos.

Assegurar prerrogativas e discuti-las sem preconceitos não é apenas um dever, mas uma prioridade, visando esclarecer a sociedade acerca dos reais valores que a permeiam.

Diante disso, não há nada melhor do que a leitura de concepções diferentes sobre o tema em comento, por isso, vamos com entusiasmo aos textos!

Luiz Henrique Sormani Barbugiani

Coordenador.

O ADVOGADO PÚBLICO E O CRIME DE DESOBEDIÊNCIA: CONSIDERAÇÕES SOBRE AS PRERROGATIVAS DA ADVOCACIA PÚBLICA

LUIZ HENRIQUE SORMANI BARBUGIANI

Introdução

As prerrogativas da Advocacia Pública, apesar de não diferirem em essência das atribuídas aos Advogados em geral, apresentam uma conotação diferenciada no exercício das funções jurídicas em prol do bem comum por meio da defesa dos interesses primários e secundários da pessoa jurídica de direito público representada em juízo.

Em inúmeras situações o Advogado Público pode ser surpreendido com interferências desarrazoadas em suas competências, atribuições e prerrogativas, sendo reputada como uma das mais degradantes a prisão por crime de desobediência na postulação dos direitos do ente público com o qual possui vínculo estatutário.

Dada a frequência maior do que a prudência recomenda nesse tipo de abuso dos poderes-deveres dos membros do Poder Judiciário em detrimento das prerrogativas dos causídicos, em audiência ou como forma coercitiva de cumprimento de uma determinação judicial, o tema a ser abordado consiste na avaliação do mencionado crime de desobediência, a fim de verificar se tal prática é ou não ilegítima e quais os seus reais pressupostos de aceitabilidade.

Prerrogativas

Em sua origem remota o termo "prerrogativa" consistia no direito de votar, falar, pedir ou posicionar-se em primeiro lugar em

LUIZ HENRIQUE SORMANI BARBUGIANI (COORD.)

relação aos demais derivando do designativo latino *praerogativa*. No desenvolvimento do conteúdo do vocábulo exsurge o sentido de "a vantagem, o privilégio, a imunidade, a primazia deferida a certas pessoas, em razão do cargo ocupado ou do ofício que desempenham".[1]

As prerrogativas na contemporaneidade não são previstas no ordenamento jurídico como benefícios ou privilégios atinentes a um Advogado no intuito de diferenciá-lo dos demais cidadãos ou profissionais visando engrandecê-lo ou colocá-lo num patamar superior em relação aos demais membros da sociedade.

Na realidade, a estipulação de prerrogativas funciona como um instrumento tendente a salvaguardar a atividade profissional do jurista na defesa e postulação de direitos de seus clientes.

Assim, a prerrogativa não é um fim em si mesmo, pois possui uma finalidade específica no sentido de proporcionar uma atuação independente e livre do causídico por meio do exercício de sua atividade profissional no âmbito administrativo ou no âmbito judicial na busca da melhor solução para a demanda relacionada ao conflito que seu contratante possui com a parte oposta na lide ou nas relações jurídicas em geral.

Na hipótese dos Defensores Públicos, o interesse e direito a ser defendido e postulado são os dos necessitados que não podem constituir um Advogado privado, e no caso dos Procuradores do Estado, Procuradores do Município, Advogados da União, Procuradores da Fazenda Nacional e Procuradores Federais o direito e interesse primário e secundário do poder público (ente federal, estadual ou municipal) a que estão vinculados e para o qual foram aprovados em concurso público.

Crime de desobediência e o servidor público

O delito de desobediência a uma determinação legal de funcionário público apresenta inúmeros aspectos de interesse para qualquer pesquisa acadêmica, entretanto, como o objeto deste estudo relaciona-se às prerrogativas da Advocacia Pública, será abordado mais precisamente o não cumprimento de uma ordem judicial e o uso indevido desse crime como meio de coação, ameaça e intimidação do causídico no exercício de sua atividade profissional.

---

[1] SILVA, De Plácido e. *Vocabulário Jurídico*. 29. ed. Rio de Janeiro: Forense, 2012. p. 1082.

No caso dos Advogados Públicos, a situação ainda é mais delicada do que dos Advogados em geral, uma vez que além de Advogados que precisam defender com veemência os interesses de seus patrocinados em juízo também são servidores públicos. A capitulação do crime de desobediência encontra-se no artigo 330 do Código Penal:

> *Desobediência*
> Art. 330 - Desobedecer a ordem legal de funcionário público:
> Pena - detenção, de quinze dias a seis meses, e multa.

Paula Bajer Fernandes Martins da Costa, ao tratar da figura do servidor público como agente ativo do crime de desobediência, reconhece a possibilidade, desde que preenchidos alguns requisitos:

> O funcionário público pode ser sujeito ativo do crime de desobediência a ordem judicial, nas hipóteses em que, além da legalidade da determinação, da competência do emitente e a da possibilidade concreta de obedecer, não houver, no ordenamento, sem ressalva de cumulatividade, qualquer outra consequência sancionatória. É necessário que o funcionário possa, na esfera de atribuições do cargo que ocupa, cumprir a ordem. E mais, é necessário que a ordem tenha, concretamente, como ser cumprida, pois o funcionário que recebe ordem não a recebe enquanto pessoa física, mas no exercício de função pública, limitada, obviamente, pela lei e pela complexidade burocrática da administração pública, em que cada um é responsável por parcelas de atribuições, repartidas entre cargos e órgãos públicos.[2]

Na opinião abalizada de Ivan Lira de Carvalho:

> [...] a desobediência está encartada no Código Penal como um delito daqueles 'praticados por particular contra a administração pública', já que integrante da Parte Especial, Título XI, Capítulo II. E sendo crime que somente pode ser praticado pelo particular, não se pode afirmar seja ela perpetrado por funcionário público, *a menos que o agente estatal esteja despido dessa condição*, agindo pois como um homem comum, como por exemplo quando não detém poderes ou competência administrativa para praticar ou deixar de praticar o ato reportado na decisão judicial.[3]

---

[2] COSTA, Paula Bajer Fernandes Martins da. Algumas reflexões sobre a desobediência de funcionário público a ordem judicial e a regra constitucional da separação dos poderes. *Revista dos Tribunais*, São Paulo, v. 84, n. 715, p. 368-70, maio 1995. p. 370.

[3] CARVALHO, Ivan Lira de. Descumprimento de ordem judicial por funcionário público. *Revista Trimestral de Direito Público*. São Paulo, n.10, p. 187-95, 1995. p. 189.

Cândido Rangel Dinamarco assevera que a possibilidade de configuração do crime de desobediência estaria restrita a decisão em sede de mandado de segurança diante da necessidade de imediata obediência em atenção à efetividade de suas finalidades constitucionais não alcançando as hipóteses de "obrigações civis declaradas em sentenças condenatórias convencionais", pois nesse último caso, como esclarece o doutrinador, "essa suposta 'desobediência' outra coisa não é senão o prosseguimento da *crise de adimplemento* já principiada antes da sentença e do processo mesmo."[4]

Paula Bajer Fernandes Martins da Costa esclarece que a desobediência se configura, "apenas, quando não houver outra medida constritiva, ou consequência jurídica sancionatória, previstas no direito positivo", com ressalva de a possibilidade da norma de regência que estabelece a providência específica ressalvar a aplicação cumulativa da pena relativa ao crime de desobediência, posicionamento amparado nas lições de Nelson Hungria.[5]

No caso de uma determinação judicial ser descumprida por um funcionário público há forte fundamentação no sentido de que não se pode apenar o servidor público, pois o crime de desobediência está previsto no Título XI, denominado "Dos Crimes contra a Administração Pública", mais precisamente no Capítulo II, que dispõe sobre "Dos Crimes praticados por particular contra a Administração em geral".

Assim, se topologicamente o crime encontra-se num capítulo específico de delitos praticados por particular em face da Administração Pública não englobaria a conduta de um servidor público em face da ordem judicial de um magistrado.

O Superior Tribunal de Justiça já consagrou esse entendimento:

Penal. Procedimento criminal. Instauração contra psicólogo contratado por prefeitura. Ordem judicial. Recusa. Desobediência. Atipicidade.

- Não configura o crime de desobediência o eventual descumprimento à ordem judicial quando esta é dirigida a quem não tem competência funcional para dar cumprimento às providências legais exigidas.

---

[4] DINAMARCO, Cândido Rangel. Execução de liminar em mandado de segurança. Desobediência. Meios de efetivação da liminar. *Revista de Direito Administrativo*, Rio de Janeiro, n. 200, p. 309-25, abr./jun. 1995. p. 322-323.

[5] COSTA, Paula Bajer Fernandes Martins da. Algumas reflexões sobre a desobediência a funcionário público a ordem judicial e a regra constitucional da separação dos poderes. *Revista dos Tribunais*, São Paulo, v. 84, n. 715, p. 368-70, maio 1995. p. 369.

- Os funcionários contratados por Prefeituras Municipais, no exercício de funções pertinentes aos serviços de saúde pública, atuam como agentes públicos, e nessa qualidade não cometem o crime de desobediência, pois tal delito pressupõe a atuação criminosa do particular contra a Administração.
- Precedentes deste Tribunal.
- Habeas-corpus concedido. (RHC nº 9.189/SP, Rel. Ministro Vicente Leal, Sexta Turma, julgado em 14.03.2000, *DJ*, 03 abr. 2000, p. 168)

PENAL. PROCESSUAL PENAL. HABEAS-CORPUS. EXECUÇÃO DE SENTENÇA CONTRA ENTE DA ADMINISTRAÇÃO PÚBLICA. ALEGAÇÃO DE DESCUMPRIMENTO. CRIME DE DESOBEDIÊNCIA. ATIPICIDADE. INQUÉRITO POLICIAL. FALTA DE JUSTA CAUSA.

- Os dirigentes de entidade integrante da Administração Pública Indireta, no exercício de suas funções, não cometem o crime de desobediência, pois tal delito pressupõe a atuação criminosa do particular contra a Administração.
- Consubstancia constrangimento ilegal, passível de reparação por via de habeas-corpus, a instauração de inquérito policial em que se imputa ao paciente fato penalmente atípico, como tal a resistência ao cumprimento da ordem judicial suspensa pela instância recursal.
- Recurso ordinário provido. Habeas-corpus concedido. (RHC nº 9.066/CE, Rel. Min. Vicente Leal, Sexta Turma, julgado em 14.12.1999, *DJ*, 14 fev. 2000, p. 78)

PENAL. PROCEDIMENTO CRIMINAL. INSTAURAÇÃO CONTRA REITOR DE UNIVERSIDADE. ORDEM JUDICIAL. RECUSA. DESOBEDIÊNCIA. ATIPICIDADE.
- Os dirigentes de universidade privada, no exercício de funções pertinentes ao ensino superior, atuam como agentes públicos por delegação, e nessa qualidade não cometem o crime de desobediência, pois tal delito pressupõe a atuação criminosa do particular contra a Administração.
- Precedentes deste Tribunal.
- Habeas corpus concedido. (HC nº 8.593/SE, Rel. Ministro Vicente Leal, Sexta Turma, julgado em 15.04.1999, *DJ*, 13 dez. 1999, p. 179)

RHC. PENAL. CRIME DE DESOBEDIÊNCIA. PREFEITO MUNICIPAL. NÃO CONFIGURAÇÃO.
1. *Em princípio, diante da expressiva maioria da jurisprudência, o crime de desobediência definido no art. 330 do CP só ocorre quando praticado por particular contra a Administração Pública, nele não incidindo a conduta do Prefeito Municipal, no exercício de suas funções. É que o Prefeito Municipal, nestas circunstâncias, está revestido da condição de funcionário público.*
2. Constrangimento indevido representado pela cláusula "sob pena de incidir em crime de desobediência à ordem judicial" corporificado em intimação para pagamento em 48 horas de vencimentos em atraso, não

pleiteado em medida cautelar inominada, cujo provimento liminar, em segunda instância, assegura apenas a reintegração em cargo do qual foi o servidor demitido. 3. Recurso provido. (RHC nº 7.990/MG, Rel. Min. Fernando Gonçalves, Sexta Turma, julgado em 29.10.1998, DJ, 30 nov. 1998, p. 209)

CRIMINAL. SERVIDOR PÚBLICO. ORDEM JUDICIAL. AÇÃO PENAL. ATIPICIDADE. TRANCAMENTO.
- *DESOBEDIÊNCIA. ORIENTAÇÃO DESTE SUPERIOR TRIBUNAL SOBRE O "O FUNCIONARIO SOMENTE PRATICA ESSE DELITO, CASO A ORDEM DESRESPEITADA NÃO SEJA REFERENTE AS SUAS FUNÇÕES".*
(HC nº 5.043/RS, Rel. Min. José Dantas, Quinta Turma, julgado em 22.10.1996, DJ, 02 dez. 1996, p. 47692)

Na mesma linha de raciocínio, posiciona-se o Tribunal Regional Federal da 4ª Região:

HABEAS CORPUS. DESOBEDIÊNCIA. FUNCIONÁRIO PÚBLICO. FATO ATÍPICO. PREVARICAÇÃO. AUSÊNCIA DE ELEMENTAR. 1. Impetrado o presente mandamus contra o oferecimento de peça acusatória e havendo sido esta recebida, não mais o Procurador da República, mas sim o Juiz Federal se reveste da condição de autoridade coatora. 2. *A conduta atribuída ao paciente é atípica. Não se trata de desobediência (art. 330 do CP - crime praticado por particular contra a administração em geral) pois* não pode ser sujeito ativo do ilícito funcionário público no exercício de suas funções. Tampouco é *hipótese do delito previsto no art. 319 do CP (prevaricação), uma vez que a peça acusatória não fez qualquer referência ao interesse ou sentimento pessoal do paciente.* 3. Falta, assim, justa causa para o prosseguimento da ação penal. 4. Ordem concedida. (TRF4, HC nº 2002.04.01.005665-5, Oitava Turma, Relator Élcio Pinheiro de Castro, DJ, 29 maio 2002)

A doutrina diverge sobre a possibilidade de crime de desobediência quando o descumprimento da ordem judicial advém de servidor público, como por exemplo Maurício Andreiuolo Rodrigues, que reputa legítima a hipótese de o funcionário público responder por crime de desobediência,[6] contudo dentro da viabilidade de aplicação de uma norma penal não se deve apenas verificar a preexistência na norma,

---

[6] RODRIGUES, Mauricio Andreiuolo. Festa nos jardins do Parque Lage: desobediência a decisão judicial. *Boletim dos Procuradores da República*, São Paulo, v. 1, n. 10, p. 26, fev. 1999.

mas também se o seu conteúdo normativo está ou não adequado ao caso concreto submetido a análise.

Nesse contexto, não se pode aplicar a pena do crime de desobediência no âmbito interno da Administração Pública quando as relações nessa seara, em última análise, envolvem servidores públicos de quaisquer dos Poderes da República (Executivo, Legislativo e Judiciário) e o Estado é eminentemente uno com uma tripartição de poderes relacionada mais às funções exercidas pelos órgãos e funcionários do que propriamente à criação de diversos entes independentes sem relação de harmonia e coordenação.

O crime de desobediência visa à manutenção da ordem pública impedindo que os particulares simplesmente deixem de obedecer a uma ordem legal de um funcionário público no exercício de suas funções. Nessa hipótese se há conflito entre dois funcionários públicos em sentido lato (o juiz não deixa de ser uma espécie de servidor) outros caminhos podem ser utilizados, como, por exemplo, a comunicação do fato à Corregedoria ou Ouvidoria competente para averiguar, corrigir e eventualmente apenar ou sanear as irregularidades atribuídas ao servidor público.

Apesar da discussão na doutrina acerca da viabilidade ou não da configuração do crime de desobediência em face de um sujeito ativo funcionário público, a prisão em si não apresenta força executiva, autorizando quando muito a prisão em flagrante pelo juízo civil que da mesma forma resta incabível na medida em que o crime é afiançável.[7]

Hugo de Brito Machado assevera que "só é cabível a prisão em flagrante de crime inafiançável" diante dos mandamentos constitucionais em vigor.[8]

Ainda nessa seara da prisão em flagrante, a situação é discutível na medida em que existem julgados que rechaçam essa possibilidade atribuindo a responsabilidade ao juiz criminal para deliberar sobre a existência ou não do crime que não pode ser antecipado pelo próprio juiz civil prolator da decisão descumprida.[9]

Hugo de Brito Machado duvida da legitimidade de uma prisão por crime de desobediência quando o magistrado que determina

---

[7] CARVALHO, Ivan Lira de. Descumprimento de ordem judicial por funcionário público. *Revista Trimestral de Direito Público*, São Paulo, n. 10, p. 187-95, 1995. p. 189.

[8] MACHADO, Hugo de Brito. Prisão por desobediência a Ordem judicial. *Revista Trimestral de Jurisprudência dos Estados*, São Paulo, v. 16, n, 96, p. 25-39, jan. 1992. p. 29.

[9] CARVALHO, Ivan Lira de. Descumprimento de ordem judicial por funcionário público. *Revista Trimestral de Direito Público*, São Paulo, n. 10, p. 187-95, 1995. p. 190.

a ordem não possui competência para julgar o delito e não possui "a isenção que se exige da autoridade judiciária que ordena a prisão de alguém".[10]

Para o estudioso, com a exclusão da prisão por transgressão ou crime militar restaria a prisão em flagrante e a prisão por ordem de autoridade judiciária competente no tocante às prisões eminentemente penais. Na hipótese de flagrante delito, o juiz civil ao efetuar a prisão deve comunicar o fato ao juiz competente que é o criminal que eventualmente julgará o delito, bem como aos familiares ou pessoas que o detido desejar. Essa medida é salutar diante do preconizado nos incisos II e III do artigo 252 do Código de Processo Penal em virtude de o juiz ser testemunha ou diretamente interessado no feito, não podendo julgar o ato ainda que detivesse a competência criminal.[11]

O decreto de prisão (ordem emanada de um juiz) deve ser exarado pela autoridade competente (juiz criminal) não se confundindo com o ato em si da prisão, que poderia em tese ser efetivada por qualquer cidadão, não só o juiz civil, e sequencialmente comunicada ao juiz criminal.[12]

Segundo o pensamento de Cândido Rangel Dinamarco, o juiz crimina, ao analisar o crime de desobediência, não deve verificar o conteúdo da decisão civil descumprida que somente poderia ser ponderado pelo magistrado que proferiu a decisão, pois foram editados pela autoridade competente e, portanto, devem ser reputados como "ato legal de funcionário público".[13]

O entendimento mais consentâneo com a equidade e justiça na aplicação das normas penais tendente a preservar a liberdade privada apenas em situações excepcionais enseja a conclusão de que o conteúdo da decisão deve ser observado, pois se a ordem judicial que foi descumprida é ilegal ou ainda provisória por ser uma medida liminar ou decisão em grau de recurso sem o devido trânsito em julgado a mencionada decisão poderá ser alterada se porventura constatada a ilegalidade, portanto, tal circunstância pode afastar o crime de

---

[10] MACHADO, Hugo de Brito. Prisão por desobediência a Ordem judicial. *Revista Trimestral de Jurisprudência dos Estados*, São Paulo, v. 16, n. 96, p. 25-39, jan. 1992. p. 26.

[11] MACHADO, Hugo de Brito. Prisão por desobediência a Ordem judicial. *Revista Trimestral de Jurisprudência dos Estados*, São Paulo, v. 16, n. 96, p. 25-39, jan. 1992. p. 29.

[12] MACHADO, Hugo de Brito. Prisão por desobediência a Ordem judicial. *Revista Trimestral de Jurisprudência dos Estados*, São Paulo, v. 16, n. 96, p. 25-39, jan. 1992. p. 32.

[13] DINAMARCO, Cândido Rangel. Execução de liminar em mandado de segurança. Desobediência. Meios de efetivação da liminar. *Revista de Direito Administrativo*, Rio de Janeiro, n. 200, p. 309-25, abr./jun. 1995. p. 324.

desobediência, sendo inconsequente e afoita a decretação de uma prisão imediata nesse contexto.[14] Esclarecendo essa situação, o Tribunal da Cidadania afastou a configuração de crime de desobediência de um Secretário de Administração que com base na legislação vigente se negava a cumprir a determinação judicial:

> - HABEAS CORPUS. SECRETARIO DE ADMINISTRAÇÃO. CRIME DE DESOBEDIENCIA. INOCORRENCIA.
> - *NÃO SE PODE IMPUTAR, AO SECRETARIO DE ADMINISTRAÇÃO, O CRIME DE DESOBEDIENCIA, COM AMEAÇA DE PRISÃO, PELO FATO DE, ESCUDADO EM EXPRESSA DISPOSIÇÃO LEGAL, TENTAR EVITAR PAGAMENTO DE VANTAGEM A SERVIDOR PUBLICO, RELATIVA A PRESTAÇÕES ANTERIORES AO AJUIZAMENTO DE MANDADO DE SEGURANÇA, CONCEDIDO EM LIMINAR.*
> - HABEAS CORPUS DEFERIDO. (HC nº 3.964/DF, Rel. Min. William Patterson, Sexta Turma, julgado em 04.12.1995, *DJ*, 11 mar. 1996, p. 6661)

Hugo de Brito Machado demonstra que o cumprimento das decisões judiciais independe da cominação de uma pena por desobediência ao apregoar que:

> Não se diga que, a prevalecer a tese por nós sustentada, as decisões judiciais restariam inúteis pois seriam descumpridas impunemente. As prescrições jurídicas são, na imensa maioria dos casos, observadas independentemente de coação, e as sentenças, embora resultem de conflitos e sejam por isto mesmo, de observância mais problemática, nem sempre exigem o uso da força como garantia de cumprimento.[15]

O eminente autor ainda esclarece que, nas hipóteses em que a desobediência é cometida por funcionário público, "a ordem de prisão é geralmente expedida contra quem não dispõe de poder político" muitas vezes detentor de função de confiança e, entre perdê-la e ser preso e posteriormente liberado por fiança, acaba adotando a segunda opção para "continuar prestigiado pela cúpula da Administração". Da mesma forma, quando, "mesmo dispondo de poder político, a autoridade não dispõe de condições materiais para o cumprimento da decisão

---

[14] MACHADO, Hugo de Brito. Prisão por desobediência a Ordem judicial. *Revista Trimestral de Jurisprudência dos Estados*, São Paulo, v. 16, n. 96, p. 25-39, jan. 1992. p. 33.

[15] MACHADO, Hugo de Brito. Prisão por desobediência a Ordem judicial. *Revista Trimestral de Jurisprudência dos Estados*, São Paulo, v. 16, n. 96, p. 25-39, jan. 1992. p. 34.

judicial. Nestes casos a prisão é sumamente injusta",[16] demonstrando a inefetividade da prisão por desobediência como forma de incentivo ao cumprimento de uma ordem judicial.

Na ocorrência de eventual não cumprimento de ordem judicial, há outras formas de sanção de caráter civil, como a condenação em litigância de má-fé[17] ou a imposição de multa diária pelo descumprimento, que se transforma em uma maneira de execução imprópria[18] na medida em que incentiva o cumprimento espontâneo da determinação judicial.

Há posicionamento jurisprudencial sedimentado afastando a existência de crime de desobediência se houver outra sanção civil, administrativa ou processual para a inobservância da ordem do funcionário público, exceto se ao mesmo tempo que se prevê outra penalidade se efetiva a ressalva expressa da aplicação do crime de desobediência:

APELAÇÃO CRIME. VIOLÊNCIA DOMÉSTICA OU FAMILIAR. *DESOBEDIÊNCIA. ATIPICIDADE DA CONDUTA. NÃO SE CONFIGURA O CRIME DE DESOBEDIÊNCIA, QUANDO LEI PENAL JÁ COMINA PENALIDADE ADMINISTRATIVA, CIVIL OU PROCESSUAL EM CASO DE DESCUMPRIMENTO DA ORDEM JUDICIAL. "Se, pela desobediência de tal ou qual ordem oficial, alguma lei comina determinada penalidade administrativa ou civil, não se deverá reconhecer o crime em exame, salvo se dita lei ressalvar expressamente a cumulativa aplicação do artigo 330 do CP* (RT 572/355, 538/361, 524/332)". (TJPR. 1ª C. Criminal. AC nº 983070-6, São João do Ivaí. Rel.: Benjamim Acacio de Moura e Costa. Unânime. J. 04.04.2013)

EMENTA: HABEAS CORPUS. CRIME DE DESOBEDIÊNCIA. ATIPICIDADE. MOTORISTA QUE SE RECUSA A ENTREGAR DOCUMENTOS À AUTORIDADE DE TRÂNSITO. INFRAÇÃO ADMINISTRATIVA. *A jurisprudência desta Corte firmou-se no sentido de que não há crime de desobediência quando a inexecução da ordem emanada de servidor público estiver sujeita à punição administrativa, sem ressalva de sanção penal. Hipótese em que o paciente, abordado por agente de trânsito,*

---

[16] MACHADO, Hugo de Brito. Prisão por desobediência a Ordem judicial. *Revista Trimestral de Jurisprudência dos Estados*, São Paulo, v. 16, n. 96, p. 25-39, jan. 1992. p. 34.

[17] DINAMARCO, Cândido Rangel. Execução de liminar em mandado de segurança. Desobediência. Meios de efetivação da liminar. *Revista de Direito Administrativo*, Rio de Janeiro, n. 200, p. 309-25, abr./jun. 1995. p. 319.

[18] DINAMARCO, Cândido Rangel. Execução de liminar em mandado de segurança. Desobediência. Meios de efetivação da liminar. *Revista de Direito Administrativo*, Rio de Janeiro, n. 200, p. 309-25, abr./jun. 1995. p. 321.

se recusou a exibir documentos pessoais e do veículo, conduta prevista no Código de Trânsito Brasileiro como infração gravíssima, punível com multa e apreensão do veículo (CTB, artigo 238). Ordem concedida. (HC nº 88452, Relator: Min. Eros Grau, Segunda Turma, julgado em 02.05.2006, *DJ*, 19 maio 2006, pp-00043, ement vol-02233-01, pp-00180 *RTJ*, vol-00200-03 PP-01337, *RT*, v. 95, n. 851, p. 469-472, 2006, *REVJMG*, v. 57, n. 176/177, p. 476-479, 2006)

O arbitramento de multa tem sido discutido quando a ordem judicial é emanada em face do poder público, sendo que no momento existe um recurso especial[19] interposto perante o Superior Tribunal de Justiça recebido pela sistemática dos recursos repetitivos que esclarecerá num futuro próximo a viabilidade dessa medida.

Ora, por exemplo, se a ordem judicial para o fornecimento de medicamentos em face do poder público é uma obrigação de fazer em decorrência do dever inerente a políticas públicas em disponibilizá-lo ao cidadão, há evidentemente outras formas de obrigar a essa prestação muito mais eficientes e adequadas do que a prisão.

Dúvidas não há em relação à determinação judicial de pagamento ou condenação em valor pecuniário diante de entidade pública em que a execução deve seguir o procedimento dos precatórios ou da RPV se se tratar de obrigação de pequeno valor.

Além disso, em relação ao poder público, vigora o artigo 2º-B da Lei nº 9.494/97, sendo, da mesma forma, uma prisão por desobediência decorrente do não pagamento de uma condenação em pecúnia direcionada a um particular, algo desproporcional e descabido em face do ordenamento jurídico em vigor, que proíbe a prisão por dívida, salvo no caso de dívida alimentar nos termos do Pacto de São José da Costa Rica.

Art. 2º-B - A sentença que tenha por objeto a liberação de recurso, inclusão em folha de pagamento, reclassificação, equiparação, concessão de aumento ou extensão de vantagens a servidores da União, dos Estados, do Distrito Federal e dos Municípios, inclusive de suas autarquias e fundações, somente poderá ser executada após seu trânsito em julgado. (Incluído pela Medida Provisória nº 2.180-35, de 2001)

---

[19] O Resp nº 1101725 discute a "possibilidade de aplicação da multa prevista no art. 461 do CPC nos casos de descumprimento da obrigação de fornecer medicamentos imposta ao ente estatal."

O problema ocorre geralmente no cumprimento de obrigações de fazer, não fazer ou entrega de coisa, ainda que o "devedor" seja um particular e não um ente público. Nesses casos, percebe-se que os artigos 461 e 461-A do CPC em momento algum falam em prisão em decorrência de desobediência do Advogado ou da parte à ordem judicial, situação essa mantida nos artigos 536, 537 e 538 do Novo Código de Processo Civil.

Art. 461. Na ação que tenha por objeto o cumprimento de obrigação de fazer ou não fazer, o juiz concederá a tutela específica da obrigação ou, se procedente o pedido, determinará providências que assegurem o resultado prático equivalente ao do adimplemento. (Redação dada pela Lei nº 8.952, de 13.12.1994)

§1º A obrigação somente se converterá em perdas e danos se o autor o requerer ou se impossível a tutela específica ou a obtenção do resultado prático correspondente. (Incluído pela Lei nº 8.952, de 13.12.1994)

§2º A indenização por perdas e danos dar-se-á sem prejuízo da multa (art. 287). (Incluído pela Lei nº 8.952, de 13.12.1994)

§3º Sendo relevante o fundamento da demanda e havendo justificado receio de ineficácia do provimento final, é lícito ao juiz conceder a tutela liminarmente ou mediante justificação prévia, citado o réu. A medida liminar poderá ser revogada ou modificada, a qualquer tempo, em decisão fundamentada. (Incluído pela Lei nº 8.952, de 13.12.1994)

§4º O juiz poderá, na hipótese do parágrafo anterior ou na sentença, impor multa diária ao réu, independentemente de pedido do autor, se for suficiente ou compatível com a obrigação, fixando-lhe prazo razoável para o cumprimento do preceito. (Incluído pela Lei nº 8.952, de 13.12.1994)

§5º Para a efetivação da tutela específica ou a obtenção do resultado prático equivalente, poderá o juiz, de ofício ou a requerimento, determinar as medidas necessárias, tais como a imposição de multa por tempo de atraso, busca e apreensão, remoção de pessoas e coisas, desfazimento de obras e impedimento de atividade nociva, se necessário com requisição de força policial. (Redação dada pela Lei nº 10.444, de 7.5.2002)

§6º O juiz poderá, de ofício, modificar o valor ou a periodicidade da multa, caso verifique que se tornou insuficiente ou excessiva. (Incluído pela Lei nº 10.444, de 7.5.2002)

Art. 461-A. Na ação que tenha por objeto a entrega de coisa, o juiz, ao conceder a tutela específica, fixará o prazo para o cumprimento da obrigação. (Incluído pela Lei nº 10.444, de 7.5.2002)

§1º Tratando-se de entrega de coisa determinada pelo gênero e quantidade, o credor a individualizará na petição inicial, se lhe couber a escolha; cabendo ao devedor escolher, este a entregará individualizada, no prazo fixado pelo juiz. (Incluído pela Lei nº 10.444, de 7.5.2002)

§2º Não cumprida a obrigação no prazo estabelecido, expedir-se-á em favor do credor mandado de busca e apreensão ou de imissão na posse, conforme se tratar de coisa móvel ou imóvel. (Incluído pela Lei nº 10.444, de 7.5.2002)

§3º Aplica-se à ação prevista neste artigo o disposto nos §§1º a 6º do art. 461.(Incluído pela Lei nº 10.444, de 7.5.2002)

Da mesma forma quando a execução é lastreada em título executivo extrajudicial não se vislumbra autorização legislativa para a prisão como meio coercitivo para o cumprimento da obrigação, seja no CPC de 1973 (artigos 632 a 643), seja no Novo Código de Processo Civil (artigos 814 a 823).

A prisão por desobediência a uma ordem judicial, em tese, poderia ser utilizada apenas quando há essa ressalva na determinação judicial descumprida e não se tratar de "descumprimento" atribuído a funcionário público, sendo certo que a cominação de multa para o seu descumprimento acaba por afastar qualquer discussão relativa ao crime de desobediência, pois seria evidente *bis in idem*, conforme o entendimento jurisprudencial consolidado.

EMENTAS: 1. AÇÃO PENAL. Crime de desobediência a decisão judicial sobre perda ou suspensão de direito. Atipicidade. Caracterização. Suposta desobediência a decisão de natureza civil. Proibição de atuar em nome de sociedade. Delito preordenado a reprimir efeitos extrapenais. Inteligência do art. 359 do Código Penal. Precedente. O crime definido no art. 359 do Código Penal pressupõe decisão judiciária de natureza penal, e não, civil. 2. AÇÃO PENAL. Crime de desobediência. Atipicidade. Caracterização. *Desatendimento a ordem judicial expedida com a cominação expressa de pena de multa. Proibição de atuar em nome de sociedade. Descumprimento do preceito. Irrelevância penal. Falta de justa causa. Trancamento da ação penal. HC concedido para esse fim. Inteligência do art. 330 do Código Penal. Precedentes. Não configura crime de desobediência o comportamento da pessoa que, suposto desatenda a ordem judicial que lhe é dirigida, se sujeita, com isso, ao pagamento de multa cominada com a finalidade de a compelir ao cumprimento do preceito.* (HC nº 88572, Relator: Min. Cezar Peluso, Segunda Turma, julgado em 08.08.2006, *DJ*, 08 set. 2006, pp-00062, ement vol-02246-02, pp-00355, *RTJ*, vol-00201-03, pp-01096)

EMENTA: CRIME DE DESOBEDIÊNCIA - COMINAÇÃO DE MULTA DIÁRIA ("ASTREINTE"), SE DESRESPEITADA A OBRIGAÇÃO DE NÃO FAZER IMPOSTA EM SEDE CAUTELAR - INOBSERVÂNCIA DA ORDEM JUDICIAL E CONSEQÜENTE DESCUMPRIMENTO DO PRECEITO - ATIPICIDADE PENAL DA CONDUTA - "HABEAS

CORPUS" DEFERIDO. - *Não se reveste de tipicidade penal - descaracterizando-se, desse modo, o delito de desobediência (CP, art. 330) - a conduta do agente, que, embora não atendendo a ordem judicial que lhe foi dirigida, expõe-se, por efeito de tal insubmissão, ao pagamento de multa diária ("astreinte") fixada pelo magistrado com a finalidade específica de compelir, legitimamente, o devedor a cumprir o preceito.* Doutrina e jurisprudência. (HC nº 86254, Relator: Min. Celso de Mello, Segunda Turma, julgado em 25.10.2005, *DJ*, 10 mar. 2006, pp-00054, ement vol-02224-02, pp-00257, *RTJ*, vol-00203-01, pp-00243, *RT*, v. 95, n. 848, p. 490-494, 2006)

Constata-se, entretanto, que diversos magistrados ao cominar a pena de desobediência para o descumprimento de sua decisão invariavelmente estabelecem também multa diária ou algo desse gênero, desmerecendo ainda mais o eventual decreto de prisão.

Apesar da corrente que admite a prisão por desobediência de ordem judicial, algumas considerações devem ser feitas acerca dessa prisão em tópico próprio que acabam por inviabilizar a sua aplicabilidade em geral na hipótese de ordem judicial.

1. *Circunstâncias especiais decorrentes do descumprimento de ordem judicial que impedem a caracterização do crime*

A existência de procedimentos específicos previstos na legislação constitucional e infraconstitucional em virtude do descumprimento de uma determinação judicial impede o uso do direito penal diante da duplicidade de sanções.

Existem outras maneiras de apenação em relação ao descumprimento de ordem judicial pelo poder público, como, por exemplo, a intervenção federal no Estado ou do Estado no Município, ambas previstas constitucionalmente:

Art. 34. A União não intervirá nos Estados nem no Distrito Federal, exceto para:
[...]
VI - prover a execução de lei federal, ordem ou decisão judicial;
[...]
Art. 35. O Estado não intervirá em seus Municípios, nem a União nos Municípios localizados em Território Federal, exceto quando:
[...]
IV - o Tribunal de Justiça der provimento a representação para assegurar a observância de princípios indicados na Constituição Estadual, ou para prover a execução de lei, de ordem ou de decisão judicial.

Art. 36. A decretação da intervenção dependerá:

I - no caso do art. 34, IV, de solicitação do Poder Legislativo ou do Poder Executivo coacto ou impedido, ou de requisição do Supremo Tribunal Federal, se a coação for exercida contra o Poder Judiciário;

II - no caso de desobediência a ordem ou decisão judiciária, de requisição do Supremo Tribunal Federal, do Superior Tribunal de Justiça ou do Tribunal Superior Eleitoral;

III de provimento, pelo Supremo Tribunal Federal, de representação do Procurador-Geral da República, na hipótese do art. 34, VII, e no caso de recusa à execução de lei federal. (Redação dada pela Emenda Constitucional nº 45, de 2004)

§1º - O decreto de intervenção, que especificará a amplitude, o prazo e as condições de execução e que, se couber, nomeará o interventor, será submetido à apreciação do Congresso Nacional ou da Assembléia Legislativa do Estado, no prazo de vinte e quatro horas.

§2º - Se não estiver funcionando o Congresso Nacional ou a Assembléia Legislativa, far-se-á convocação extraordinária, no mesmo prazo de vinte e quatro horas.

§3º - Nos casos do art. 34, VI e VII, ou do art. 35, IV, dispensada a apreciação pelo Congresso Nacional ou pela Assembléia Legislativa, o decreto limitar-se-á a suspender a execução do ato impugnado, se essa medida bastar ao restabelecimento da normalidade.

§4º - Cessados os motivos da intervenção, as autoridades afastadas de seus cargos a estes voltarão, salvo impedimento legal.

Se isso já não bastasse, a decisão ou despacho de um juiz com a cominação de que a sua desobediência implicará crime viola o teor do Pacto de São José da Costa Rica de 1969, mais conhecido como a Convenção Americana de Direitos Humanos, promulgada pelo Presidente da República pelo Decreto nº 678, de 06 de novembro de 1992.

Esse tratado internacional, ratificado pelo Brasil, em seu artigo 7º consagra o direito à liberdade pessoal:

Artigo 7º - Direito à liberdade pessoal

1. Toda pessoa tem direito à liberdade e à segurança pessoais.

2. Ninguém pode ser privado de sua liberdade física, salvo pelas causas e nas condições previamente fixadas pelas Constituições políticas dos Estados-partes ou pelas leis de acordo com elas promulgadas.

3. Ninguém pode ser submetido a detenção ou encarceramento arbitrários.

4. Toda pessoa detida ou retida deve ser informada das razões da detenção e notificada, sem demora, da acusação ou das acusações formuladas contra ela.

5. Toda pessoa presa, detida ou retida deve ser conduzida, sem demora, à presença de um juiz ou outra autoridade autorizada por lei a exercer funções judiciais e tem o direito de ser julgada em prazo razoável ou de ser posta em liberdade, sem prejuízo de que prossiga o processo. Sua liberdade pode ser condicionada a garantias que assegurem o seu comparecimento em juízo.

6. Toda pessoa privada da liberdade tem direito a recorrer a um juiz ou tribunal competente, a fim de que este decida, sem demora, sobre a legalidade de sua prisão ou detenção e ordene sua soltura, se a prisão ou a detenção forem ilegais. Nos Estados-partes cujas leis prevêem que toda pessoa que se vir ameaçada de ser privada de sua liberdade tem direito a recorrer a um juiz ou tribunal competente, a fim de que este decida sobre a legalidade de tal ameaça, tal recurso não pode ser restringido nem abolido. O recurso pode ser interposto pela própria pessoa ou por outra pessoa.

7. Ninguém deve ser detido por dívidas. Este princípio não limita os mandados de autoridade judiciária competente expedidos em virtude de inadimplemento de obrigação alimentar.

No item 7 do mencionado artigo acima reproduzido, é expressa a proibição de que "ninguém deve ser detido por dívidas", ressalvando-se apenas "os mandados de autoridade judiciária competente expedidos em virtude de inadimplemento de obrigação alimentar".

Na Constituição Federal brasileira de 1988, mais precisamente no artigo 5º, inciso LXVII, consta que "não haverá prisão civil por dívida, salvo a do responsável pelo inadimplemento voluntário e inescusável de obrigação alimentícia e a do depositário infiel."

O texto constitucional é mais preciso ao falar em vedação da prisão civil por dívida, numa interpretação consentânea com os direitos humanos essa prisão deve ser obstada em qualquer hipótese de "dívida", seja a obrigação de pagar ou de fazer.

Ocorre que o texto constitucional somente excepciona duas situações para a prisão civil, a primeira no caso de "inadimplemento voluntário e inescusável de obrigação alimentícia" e o segundo na hipótese de constatação de "depositário infiel".

Quanto à prisão do depositário infiel diante do teor da Convenção Americana de Direitos Humanos, o Supremo Tribunal Federal passou a preconizar que ela estaria afastada ao entender que a disposição internacional teria caráter supralegal.

Nesse sentido, existem vários julgados do Pretório Excelso, o que demonstra se tratar de jurisprudência consolidada:

EMENTA: "HABEAS CORPUS" - PRISÃO CIVIL - DEPOSITÁRIO JUDICIAL - REVOGAÇÃO DA SÚMULA 619/STF - A QUESTÃO DA INFIDELIDADE DEPOSITÁRIA - CONVENÇÃO AMERICANA DE DIREITOS HUMANOS (ARTIGO 7º, n. 7) - NATUREZA CONSTITUCIONAL OU CARÁTER DE SUPRALEGALIDADE DOS TRATADOS INTERNACIONAIS DE DIREITOS HUMANOS? - PEDIDO DEFERIDO. ILEGITIMIDADE JURÍDICA DA DECRETAÇÃO DA PRISÃO CIVIL DO DEPOSITÁRIO INFIEL, AINDA QUE SE CUIDE DE DEPOSITÁRIO JUDICIAL. - Não mais subsiste, no sistema normativo brasileiro, a prisão civil por infidelidade depositária, independentemente da modalidade de depósito, trate-se de depósito voluntário (convencional) ou cuide-se de depósito necessário, como o é o depósito judicial. Precedentes. Revogação da Súmula 619/STF. TRATADOS INTERNACIONAIS DE DIREITOS HUMANOS: AS SUAS RELAÇÕES COM O DIREITO INTERNO BRASILEIRO E A QUESTÃO DE SUA POSIÇÃO HIERÁRQUICA. - A Convenção Americana sobre Direitos Humanos (Art. 7º, n. 7). Caráter subordinante dos tratados internacionais em matéria de direitos humanos e o sistema de proteção dos direitos básicos da pessoa humana. - Relações entre o direito interno brasileiro e as convenções internacionais de direitos humanos (CF, art. 5º e §§2º e 3º). Precedentes. - Posição hierárquica dos tratados internacionais de direitos humanos no ordenamento positivo interno do Brasil: natureza constitucional ou caráter de supralegalidade? - Entendimento do Relator, Min. CELSO DE MELLO, que atribui hierarquia constitucional às convenções internacionais em matéria de direitos humanos. A INTERPRETAÇÃO JUDICIAL COMO INSTRUMENTO DE MUTAÇÃO INFORMAL DA CONSTITUIÇÃO. - A questão dos processos informais de mutação constitucional e o papel do Poder Judiciário: a interpretação judicial como instrumento juridicamente idôneo de mudança informal da Constituição. A legitimidade da adequação, mediante interpretação do Poder Judiciário, da própria Constituição da República, se e quando imperioso compatibilizá-la, mediante exegese atualizadora, com as novas exigências, necessidades e transformações resultantes dos processos sociais, econômicos e políticos que caracterizam, em seus múltiplos e complexos aspectos, a sociedade contemporânea. HERMENÊUTICA E DIREITOS HUMANOS: A NORMA MAIS FAVORÁVEL COMO CRITÉRIO QUE DEVE REGER A INTERPRETAÇÃO DO PODER JUDICIÁRIO. - Os magistrados e Tribunais, no exercício de sua atividade interpretativa, especialmente no âmbito dos tratados internacionais de direitos humanos, devem observar um princípio hermenêutico básico (tal como aquele proclamado no Artigo 29 da Convenção Americana de Direitos Humanos), consistente em atribuir primazia à norma que se revele mais favorável à pessoa humana, em ordem a dispensar-lhe a mais ampla proteção jurídica. - O Poder Judiciário, nesse processo hermenêutico que prestigia o critério da norma mais favorável (que tanto pode ser aquela prevista no tratado internacional como a que se acha positivada no próprio direito interno do Estado), deverá extrair a máxima eficácia das declarações internacionais e das proclamações constitucionais de direitos, como forma de viabilizar o acesso dos indivíduos e dos grupos sociais, notadamente os mais vulneráveis, a sistemas institucionalizados de proteção aos direitos fundamentais da pessoa humana, sob pena de a liberdade, a tolerância e o respeito à alteridade humana tornarem-se palavras vãs. - Aplicação, ao caso, do Artigo 7º, n. 7, c/c o Artigo 29, ambos da Convenção Americana de Direitos Humanos (Pacto de São José da Costa Rica): um caso típico de primazia da regra mais favorável à proteção efetiva do ser humano. (HC nº 96772, Relator: Min. Celso de Mello, Segunda Turma, julgado em 09.06.2009, DJe-157, divulg 20.08.2009, public 21.08.2009, ement vol-02370-04, pp-00811, *RTJ*, vol-00218, pp-00327, *RT*, v. 98, n. 889, p. 173-183, 2009)

DEPOSITÁRIO INFIEL - PRISÃO. A subscrição pelo Brasil do Pacto de São José da Costa Rica, limitando a prisão civil por dívida ao descumprimento inescusável de prestação alimentícia, implicou a derrogação das normas estritamente legais referentes à prisão do depositário infiel. (HC nº 89634, Relator: Min. Marco Aurélio, Primeira Turma, julgado em 24.03.2009, DJe-079, divulg 29.04.2009, public 30.04.2009, ement vol-02358-02, pp-00401, *RF*, v. 105, n. 402, p. 390-393, 2009)

EMENTA: RECURSO. Extraordinário. Provimento Parcial. Prisão Civil. Depositário infiel. Possibilidade. Alegações rejeitadas. Precedente do Pleno. Agravo regimental não provido. O Plenário da Corte assentou que, em razão do status supralegal do Pacto de São José da Costa Rica, restaram derrogadas as normas estritamente legais definidoras da custódia do depositário infiel. (RE nº 404276 AgR, Relator: Min. Cezar Peluso, Segunda Turma, julgado em 10.03.2009, DJe-071, divulg 16.04.2009, public 17.04.2009, ement vol-02356-06, pp-01109, *LEXSTF*, v. 31, n. 364, p. 169-172, 2009)

EMENTA: HABEAS CORPUS. SALVO-CONDUTO. PRISÃO CIVIL. DEPOSITÁRIO JUDICIAL. DÍVIDA DE CARÁTER NÃO ALIMENTAR. IMPOSSIBILIDADE. ORDEM CONCEDIDA. 1. O Plenário do Supremo Tribunal Federal firmou a orientação de que só é possível a prisão civil do "responsável pelo inadimplemento voluntário e inescusável de obrigação alimentícia" (inciso LXVII do art. 5º da CF/88). Precedentes: HCs 87.585 e 92.566, da relatoria do ministro Marco Aurélio. 2. A norma que se extrai do inciso LXVII do artigo 5º da Constituição Federal é de eficácia restringível. Pelo que as duas exceções nela contidas podem ser aportadas por lei, quebrantando, assim, a força protetora da proibição, como regra geral, da prisão civil por dívida. 3. O Pacto de San José da Costa Rica (ratificado pelo Brasil - Decreto 678 de 6 de novembro de 1992), para valer como norma jurídica interna do Brasil, há de ter como fundamento de validade o §2º do artigo 5º da Magna Carta. A se contrapor, então, a qualquer norma ordinária originariamente brasileira que preveja a prisão civil por dívida. Noutros termos: o Pacto de San José da Costa Rica, passando a ter como fundamento de validade o §2º do art. 5º da CF/88, prevalece como norma supralegal em nossa ordem jurídica interna e, assim, proíbe a prisão civil por dívida. Não é norma constitucional -- à falta do rito exigido pelo §3º do art. 5º --, mas a sua hierarquia intermediária de norma supralegal autoriza afastar regra ordinária brasileira que possibilite a prisão civil por dívida. 4. No caso, o paciente corre o risco de ver contra si expedido mandado prisional por se encontrar na situação de infiel depositário judicial. 5. Ordem concedida. (HC nº 94013, Relator: Min. Carlos Britto, Primeira Turma, julgado em 10.02.2009, *DJe*-048, divulg 12.03.2009, public 13.03.2009, ement vol-02352-02, pp-00267, *RT*, v. 98, n. 885, p. 155-159, 2009, *LEXSTF*, v. 31, n. 363, p. 390-396, 2009)

PRISÃO CIVIL DO DEPOSITÁRIO INFIEL EM FACE DOS TRATADOS INTERNACIONAIS DE DIREITOS HUMANOS. INTERPRETAÇÃO DA PARTE FINAL DO INCISO LXVII DO ART. 5 O DA CONSTITUIÇÃO BRASILEIRA DE 1988. POSIÇÃO HIERÁRQUICO-NORMATIVA DOS TRATADOS INTERNACIONAIS DE DIREITOS HUMANOS NO ORDENAMENTO JURÍDICO BRASILEIRO. Desde a adesão do Brasil, sem qualquer reserva, ao Pacto Internacional dos Direitos Civis e Políticos (art. 11) e à Convenção Americana sobre Direitos Humanos - Pacto de San José da Costa Rica (art. 7º, 7), ambos no ano de 1992, não há mais base legal para prisão civil do depositário infiel, pois o caráter especial desses diplomas internacionais sobre direitos humanos lhes reserva lugar específico no ordenamento jurídico, estando abaixo da Constituição, porém acima da legislação interna. O status normativo supralegal dos tratados internacionais de direitos humanos subscritos pelo Brasil torna inaplicável a legislação infraconstitucional com ele conflitante, seja ela anterior ou posterior ao ato de adesão. Assim ocorreu com o art. 1.287 do Código Civil de 1916 e com o Decreto-Lei nº 911/69, assim como em relação ao art. 652 do Novo Código Civil (Lei nº 10.406/2002). ALIENAÇÃO FIDUCIÁRIA EM GARANTIA. DECRETO-LEI Nº 911/69. EQUIPAÇÃO DO DEVEDOR-FIDUCIANTE AO DEPOSITÁRIO. PRISÃO CIVIL DO DEVEDOR-FIDUCIANTE EM FACE DO PRINCÍPIO DA PROPORCIONALIDADE. A prisão civil do devedor-fiduciante no âmbito do contrato de alienação fiduciária em garantia viola o princípio da proporcionalidade, visto que: a) o ordenamento jurídico prevê outros meios processuais-executórios postos à disposição do credor-fiduciário para a garantia do crédito, de forma que a prisão civil, como medida extrema de coerção do devedor inadimplente, não passa no exame da proporcionalidade como proibição de excesso, em sua tríplice configuração: adequação, necessidade e proporcionalidade em sentido estrito; e b) o Decreto-Lei nº 911/69, ao instituir uma ficção jurídica, equiparando o devedor-fiduciante ao depositário, para todos os efeitos previstos nas leis civis e penais, criou uma figura atípica de depósito, transbordando os limites do conteúdo semântico da expressão "depositário infiel" insculpida no art. 5º, inciso LXVII, da Constituição e, dessa forma, desfigurando o instituto do depósito em sua conformação constitucional, o que perfaz a violação ao princípio da reserva legal proporcional. RECURSO EXTRAORDINÁRIO CONHECIDO E NÃO PROVIDO. (RE nº 349703, Relator: Min. Carlos Britto, Relator p/ Acórdão: Min. Gilmar Mendes, Tribunal Pleno, julgado em 03.12.2008, DJe-104, divulg 04.06.2009, public 05.06.2009, ement vol-02363-04, pp-00675)

EMENTA: Habeas Corpus. 1. No caso concreto foi ajuizada ação de execução sob o nº 612/2000 perante a 3ª Vara Cível de Santa Bárbara D'Oeste/SP em face do paciente. A credora requereu a entrega total dos bens sob pena de prisão. 2. A defesa alega a existência de constrangimento ilegal em face da iminência de expedição de mandado de prisão em desfavor do paciente. Ademais, a inicial sustenta a ilegitimidade constitucional da prisão civil por dívida. 3. Reiterados alguns dos argumentos expendidos em meu voto, proferido em sessão do Plenário de 22.11.2006, no RE nº 466.343/SP: a legitimidade da prisão civil do depositário infiel, ressalvada a hipótese excepcional do devedor de alimentos, está em plena discussão no Plenário deste Supremo Tribunal Federal. No julgamento do RE nº 466.343/SP, Rel. Min. Cezar Peluso, que se iniciou na sessão de 22.11.2006, esta Corte, por maioria que já conta com sete votos, acenou para a possibilidade do reconhecimento da inconstitucionalidade da prisão civil do alienante fiduciário e do depositário infiel. 4. Superação da Súmula nº 691/STF em face da configuração de patente constrangimento ilegal, com deferimento do pedido de medida liminar, em ordem a assegurar, ao paciente, o direito de permanecer em liberdade até a apreciação do mérito do HC nº 68.584/SP pelo Superior Tribunal de Justiça. 5. Considerada a plausibilidade da orientação que está a se firmar perante o Plenário deste STF - a qual já conta com 7 votos - ordem deferida para que sejam mantidos os efeitos da medida liminar. (HC nº 90172, Relator: Min. Gilmar Mendes, Segunda Turma, julgado em 05.06.2007, DJe-082, divulg 16.08.2007, public 17.08.2007, DJ 17.08.2007, pp-00091, ement vol-02285-04, pp-00672, RTJ, vol-00205-03, pp-01267, RDDP, n. 55, p. 168-173, 2007, LEXSTF, v. 29, n. 346, p. 423-436, 2007)

Diante da importância da questão houve a edição da Súmula Vinculante pelo STF determinando que "é ilícita a prisão civil de depositário infiel, qualquer que seja a modalidade do depósito," aprovada em sessão plenária em 16 de dezembro de 2009.

Nesse quadro, verifica-se que a única hipótese de prisão civil permitida é a decorrente de um "inadimplemento voluntário e inescusável de obrigação alimentícia", não sendo possível no atual sistema legal autorizar a prisão de um locatário que não pagou o aluguel de sua residência ao locador, nem a de um prestador de serviço que se recusou a adimplir uma obrigação de fazer.

Qualquer prisão em virtude do descumprimento de uma ordem judicial detém uma conotação de prisão civil, visto que se origina num processo civil e funciona como coerção para o cumprimento de uma obrigação que poderia muito bem ser substituída por uma "astreinte".

Além disso, se não for possível a estipulação de astreinte ou se tratar de uma obrigação de pagar, ou seja, de uma prestação em pecúnia o patrimônio do devedor deve responder pelo adimplemento da obrigação e não a sua liberdade com uma prisão com origem em direitos e obrigações de índole civil.

Nesses casos, o ordenamento jurídico prescreve como solução a resolução do contrato, a devolução do valor pago, a indenização ou ressarcimento na impossibilidade de prestação de caráter personalíssimo por terceiro às expensas do devedor inadimplente, entre outras possibilidades que não englobam a prisão.

Ao admitir que o crime de desobediência, na hipótese analisada neste estudo, é uma prisão civil, pois ocorre dentro de um processo civil no intuito de o réu realizar a determinação contida na ordem judicial proferida em decisão interlocutória ou definitiva, não há autorização constitucional para tal encarceramento.

De outro lado, ainda que se admita tratar de uma prisão penal, é consabido que "não há crime sem lei anterior que o defina, nem pena sem prévia cominação legal," nos termos do inciso XXXIX do artigo 5º da Constituição Federal, ou seja, se não há previsão expressa no ordenamento jurídico de que o crime de desobediência pode ser realizado por servidor público ou agente político por ser um delito praticado por particular contra a Administração em geral, a prisão é inconcebível e destoa do texto constitucional.

Acrescente-se a isso o mandamento do inciso LIV do mesmo artigo e diploma ao expressar que "ninguém será privado da liberdade ou de seus bens sem o devido processo legal," circunstância que diante do "descumprimento" de uma ordem judicial pelo servidor público é inviável diante dos procedimentos inerentes aos atos administrativos que demandam tempo para a sua consecução independendo da vontade do servidor que atua apenas como uma engrenagem da Administração Pública.

Além disso, na atualidade, a prisão imediata de um cidadão ou servidor público ordenada pelo próprio prolator da decisão descumprida (magistrado imbuído de interesse e parcialidade sem mencionar o fato de que tal conduta é contrária ao princípio do juiz natural) sem que a pessoa possa se defender durante o processo criminal justificando a sua conduta, destoa da política criminal vigente de substituição das penas privativas de liberdade por outras menos agressivas a esse direito fundamental principalmente em delitos considerados de menor potencial ofensivo perceptível pela própria pena capitulada no artigo 330 do Código Penal.

O Tribunal da Cidadania vem reconhecendo a impossibilidade de prisão por desobediência mesmo nos precedentes que admitem o sujeito ativo ser um servidor público:

> ADMINISTRATIVO. PROCESSUAL CIVIL. SERVIDOR PÚBLICO. PENSÃO POR MORTE. PARCELAS DEVIDAS APÓS O TRÂNSITO EM JULGADO DO ACÓRDÃO QUE RECONHECE O DIREITO À INTEGRALIDADE. PRECATÓRIO. DESNECESSIDADE. DECISÃO DE CARÁTER MANDAMENTAL. CRIME DE DESOBEDIÊNCIA. SUJEITO ATIVO. FUNCIONÁRIO PÚBLICO. ADMISSIBILIDADE. CRIME DE MENOR POTENCIAL OFENSIVO. PRISÃO EM FLAGRANTE. IMPOSSIBILIDADE. LEI 9.099/95. RECURSO ESPECIAL CONHECIDO E PARCIALMENTE PROVIDO.
>
> 1. A decisão que determina o pagamento da integralidade da pensão por morte possui caráter mandamental, motivo pelo qual a execução das parcelas vencidas após seu trânsito em julgado independe de precatório. Precedentes.
>
> 2. O Superior Tribunal de Justiça possui entendimento firmado no sentido da possibilidade de funcionário público ser sujeito ativo do crime de desobediência, quando destinatário de ordem judicial, sob pena de a determinação restar desprovida de eficácia.
>
> 3. *Nos crimes de menor potencial ofensivo, tal como o delito de desobediência, desde que o autor do fato, após a lavratura do termo circunstanciado, compareça ou assuma o compromisso de comparecer ao Juizado, não será possível a prisão em flagrante nem a exigência de fiança. Inteligência do art. 69, parágrafo único, da Lei 9.099/95.*
>
> 4. Recurso especial conhecido e parcialmente provido. (REsp nº 556.814/RS, Rel. Min. Arnaldo Esteves Lima, Quinta Turma, julgado em 07.11.2006, *DJ*, 27.11.2006, p. 307)
>
> PENAL E PROCESSUAL PENAL. HABEAS CORPUS PREVENTIVO. CRIME DE DESOBEDIÊNCIA. FUNCIONÁRIA PÚBLICA NO EXERCÍCIO DE SUAS FUNÇÕES.

POSSIBILIDADE. PRECEDENTES. PRISÃO EM FLAGRANTE. ILEGALIDADE. CRIME DE MENOR POTENCIAL OFENSIVO. O Eg. Superior Tribunal de Justiça, notadamente a Col. Quinta Turma, contrariando parte da doutrina, assentou entendimento segundo o qual é possível a prática do crime de desobediência por funcionário público, no exercício de suas funções. Precedente.

Em qualquer das teses acerca da possibilidade do funcionário público, no exercício de suas funções, praticar o crime de desobediência, mostra-se inviável, a meu sentir, a ameaça de prisão em flagrante da paciente, porquanto se trata de crime de menor potencial ofensivo." Ordem deferida para afastar a ameaça de prisão. (HC nº 30.390/AL, Rel. Min. José Arnaldo da Fonseca, Quinta Turma, julgado em 03.02.2004, *DJ*, 25 fev. 2004, p. 200)

De outro lado, o devido processo legal implica adoção dos procedimentos necessários para verificar se houve o descumprimento da ordem judicial de maneira voluntária e desejada pelo servidor público uma vez que não se admite a modalidade culposa[20] desse crime, ensejando a ampla defesa e o contraditório antes de privar a liberdade do servidor maculando ainda o inciso III do artigo 5º da Constituição, visto que "ninguém será submetido a tortura nem a tratamento desumano ou degradante" com um encarceramento totalmente desnecessário e desproporcional.

Nesse contexto, a situação é agravada na medida em que, mesmo se a ordem judicial for arbitrária e não fundamentada com a impossibilidade prática do seu cumprimento, tal fato, *a priori*, não afastaria eventual prisão em flagrante do servidor ou do agente público, que precisaria utilizar-se de instrumentos processuais para ser liberado do cárcere.

Da mesma forma, o artigo 5º, XLVI, da Constituição Federal dispõe que "a lei regulará a individualização da pena" pressupondo

---

[20] HABEAS CORPUS. PROCESSUAL PENAL. CRIME DE DESOBEDIÊNCIA. PEDIDO DE TRANCAMENTO DA AÇÃO PENAL. DENÚNCIA. ATIPICIDADE MANIFESTA. DESCRIÇÃO DE CRIME CULPOSO. AUSÊNCIA DE IMPUTAÇÃO A TÍTULO DE DOLO. INÉPCIA. PRECEDENTE DO STJ.
1. O trancamento da ação penal por ausência de justa causa é uma medida excepcional, somente cabível em situações, nas quais, de plano, seja perceptível o constrangimento ilegal.
2. Reputa-se inepta a denúncia que não trata do elemento volitivo necessário à configuração do delito de desobediência, qual seja, o dolo, limitando-se à narrativa de uma conduta eminente culposa, decorrente de obstáculos burocráticos, e da negligência de funcionários subordinados.
3. Ordem concedida. (HC nº 82.589/MS, Rel. Ministra Laurita Vaz, Quinta Turma, julgado em 09.10.2007, *DJ*, 19 nov. 2007, p. 257).

que ela "adotará, entre outras," a privação ou restrição da liberdade; a perda de bens; a multa; a prestação social alternativa; a suspensão ou interdição de direitos; sendo certo que pelo sistema penal brasileiro a pena privativa de liberdade é a última a ser aplicada, cabendo ao magistrado sempre que possível substituí-la pelas outras apenações previstas na lei.

Os princípios constitucionais e os estabelecidos em atos e tratados internacionais, segundo o disposto no artigo 5º, §§1º e 2º da Constituição Federal de 1988, por consagrarem direitos e garantias fundamentais apresentam aplicabilidade imediata,[21] motivo pelo qual os magistrados não poderão desconsiderá-los decretando uma prisão sem o devido respaldo legal e constitucional.

2. *O crime de desobediência é imputável à parte e não ao Advogado que a representa e possui prerrogativas para exercer a sua atividade em juízo*
A conduta típica prevista no artigo 330 do Código Penal é perpetrada por quem efetivamente descumpre a ordem judicial.

No âmbito particular não há dúvidas de que quem eventualmente responde por esse crime é a parte e não o Advogado constituído por ela para promover os seus interesses em juízo.

Se o cidadão que ingressou com uma ação por meio de um causídico é o detentor do direito em face de outro indivíduo, possuindo todos os documentos comprobatórios da legitimidade da sua pretensão, não seria concebível que o juiz ao requisitar algum documento cominasse a pena de desobediência ao Advogado que não detém poderes sobre os elementos da causa sem o intermédio do autor. O mesmo raciocínio é aplicável ao réu e ao seu Advogado se após o proferimento de uma decisão houvesse o seu descumprimento pela parte, apesar de a intimação sob esta cominação ser efetivada em face do causídico, pois em última análise quem efetua os atos processuais é a parte e, nessa concepção, jamais o Advogado poderá atuar em contrariedade à vontade de seu patrocinado sob pena de sanções disciplinares junto à Ordem dos Advogados do Brasil dentre outras possíveis na seara civil.

---

[21] "artigo 5º da CF [...]
§1º - As normas definidoras dos direitos e garantias fundamentais têm aplicação imediata.
§2º - Os direitos e garantias expressos nesta Constituição não excluem outros decorrentes do regime e dos princípios por ela adotados, ou dos tratados internacionais em que a República Federativa do Brasil seja parte".

A representação processual em juízo é do Advogado que possui a legitimidade postulatória, mas quem sofrerá as consequências do processo são exclusivamente as partes. Esse entendimento restou consagrado com a edição do parágrafo único do artigo 14 do Código de Processo Civil inserido pela Lei nº 10.358/2001:

> Art. 14. São deveres das partes e de todos aqueles que de qualquer forma participam do processo: (Redação dada pela Lei nº 10.358, de 27.12.2001)
> I - expor os fatos em juízo conforme a verdade;
> II - proceder com lealdade e boa-fé;
> III - não formular pretensões, nem alegar defesa, cientes de que são destituídas de fundamento;
> IV - não produzir provas, nem praticar atos inúteis ou desnecessários à declaração ou defesa do direito.
> V - cumprir com exatidão os provimentos mandamentais e não criar embaraços à efetivação de provimentos judiciais, de natureza antecipatória ou final.(Incluído pela Lei nº 10.358, de 27.12.2001)
> Parágrafo único. Ressalvados os advogados que se sujeitam exclusivamente aos estatutos da OAB, a violação do disposto no inciso V deste artigo constitui ato atentatório ao exercício da jurisdição, podendo o juiz, sem prejuízo das sanções criminais, civis e processuais cabíveis, aplicar ao responsável multa em montante a ser fixado de acordo com a gravidade da conduta e não superior a vinte por cento do valor da causa; não sendo paga no prazo estabelecido, contado do trânsito em julgado da decisão final da causa, a multa será inscrita sempre como dívida ativa da União ou do Estado. (Incluído pela Lei nº 10.358, de 27.12.2001)

Na oportunidade diante da expressão "ressalvados os advogados que se sujeitam exclusivamente aos estatutos da OAB" cunhada no mencionado parágrafo único, houve a interposição da Ação Direta de Constitucionalidade nº 2.652 julgada no ano de 2003 para esclarecer que a prerrogativa de não ser responsabilizado diretamente com a cominação de multa em virtude do desrespeito a dever de "cumprir com exatidão os provimentos mandamentais e não criar embaraços à efetivação de provimentos judiciais, de natureza antecipatória ou final" era extensível aos Advogados Públicos. Cite-se:

> EMENTA: AÇÃO DIRETA DE INCONSTITUCIONALIDADE. IMPUGNAÇÃO AO PARÁGRAFO ÚNICO DO ARTIGO 14 DO CÓDIGO DE PROCESSO CIVIL, NA REDAÇÃO DADA PELA LEI 10358/2001. PROCEDÊNCIA DO PEDIDO. 1. *Impugnação ao parágrafo único do artigo 14 do Código de Processo Civil, na parte em que ressalva "os advogados que se*

42 | LUIZ HENRIQUE SORMANI BARBUGIANI (COORD.)

sujeitam exclusivamente aos estatutos da OAB" da imposição de multa por obstrução à Justiça. Discriminação em relação aos advogados vinculados a entes estatais, que estão submetidos a regime estatutário próprio da entidade. Violação ao princípio da isonomia e ao da inviolabilidade no exercício da profissão. Interpretação adequada, para afastar o injustificado discrímen. 2. Ação Direta de Inconstitucionalidade julgada procedente para, sem redução de texto, dar interpretação ao parágrafo único do artigo 14 do Código de Processo Civil conforme a Constituição Federal e declarar que a ressalva contida na parte inicial desse artigo alcança todos os advogados, com esse título atuando em juízo, independentemente de estarem sujeitos também a outros regimes jurídicos. (ADI nº 2.652, Relator: Min. Maurício Corrêa, Tribunal Pleno, julgado em 08.05.2003, *DJ*, 14.11.2003, pp-00012, ement vol-02132-13, pp-02491)

A jurisprudência do Supremo Tribunal Federal se consolidou nesse sentido ensejando uma série de reclamações em face de atos de juízes que insistiam em apená-los com multa em decorrência do descumprimento do inciso V do artigo 14 do Código de Processo Civil:

EMENTA: RECLAMAÇÃO. PROCURADOR FEDERAL. MULTA PESSOAL. SANÇÃO DISCIPLINAR. DESCUMPRIMENTO DA AÇÃO DIRETA DE INCONSTITUCIONALIDADE N. 2.652/DF. 1. *Os procuradores federais estão incluídos na ressalva do parágrafo único do art. 14 do Código de Processo Civil, não sendo possível, assim, fixar-lhes multa em razão de descumprimento do dever disposto no art. 14, inc. V, do Código de Processo Civil.* 2. Reclamação julgada procedente. (Rcl nº 7.181, Relatora: Min. Cármen Lúcia, Tribunal Pleno, julgado em 20.05.2009, *DJe*-157, divulg 20.08.2009, public 21.08.2009, ement vol-02370-03, pp-00457)

EMENTA: RECLAMAÇÃO. PROCURADOR FEDERAL. MULTA PESSOAL. SANÇÃO DISCIPLINAR. DESCUMPRIMENTO DA AÇÃO DIRETA DE INCONSTITUCIONALIDADE N. 2.652/DF. 1. *Os procuradores federais estão incluídos na ressalva do parágrafo único do art. 14 do Código de Processo Civil, não sendo possível, assim, fixar-lhes multa em razão de descumprimento do dever disposto no art. 14, inc. V, do Código de Processo Civil.* 2. Sem discutir o acerto ou desacerto da condenação por litigância de má-fé - prevista no art. 17, inc. V, do Código de Processo Civil -, imposta pela autoridade reclamada, tem-se que a condenação pessoal do Procurador do Instituto Nacional do Seguro Social ao pagamento de multa processual é inadequada porque, no caso vertente, ele não figura como parte ou interveniente na Ação. 3. Reclamação julgada procedente. (Rcl nº 5133, Relatora: Min. Cármen Lúcia, Tribunal Pleno, julgado em 20.05.2009, *DJe*-157, divulg 20.08.2009, public 21.08.2009, ement vol-02370-02, pp-00356, *RTJ*, vol-00211, pp-00281, *RT*, v. 98, n. 890, p. 155-160, 2009)

O artigo 77 do Novo Código de Processo Civil[22] além de reproduzir o conteúdo do artigo 14 do CPC de 1973 acrescenta em seu §6º que "os advogados públicos ou privados e aos membros da Defensoria Pública e do Ministério Público não se aplica o disposto nos §§2º a 5º, devendo eventual responsabilidade disciplinar ser apurada pelo respectivo órgão de classe ou corregedoria, ao qual o juiz oficiará", asseverando no §8º que "o representante judicial da parte não pode ser compelido a cumprir decisão em seu lugar".

Não é diferente a situação do Advogado Público enquanto defensor dos interesses primários e secundários do poder público em juízo.

O membro da Advocacia Pública apenas postula em nome do poder público (União, Estado, Municípios ou outros entes públicos da

---

[22] Art. 77. Além de outros previstos neste Código, são deveres das partes, de seus procuradores e de todos aqueles que de qualquer forma participem do processo:
I - expor os fatos em juízo conforme a verdade;
II - não formular pretensão ou de apresentar defesa quando cientes de que são destituídas de fundamento;
III - não produzir provas e não praticar atos inúteis ou desnecessários à declaração ou à defesa do direito;
IV - cumprir com exatidão as decisões jurisdicionais, de natureza provisória ou final, e não criar embaraços à sua efetivação;
V - declinar, no primeiro momento que lhes couber falar nos autos, o endereço residencial ou profissional onde receberão intimações, atualizando essa informação sempre que ocorrer qualquer modificação temporária ou definitiva;
VI - não praticar inovação ilegal no estado de fato de bem ou direito litigioso.
§1º Nas hipóteses dos incisos IV e VI, o juiz advertirá qualquer das pessoas mencionadas no caput de que sua conduta poderá ser punida como ato atentatório à dignidade da justiça.
§2º A violação ao disposto nos incisos IV e VI constitui ato atentatório à dignidade da justiça, devendo o juiz, sem prejuízo das sanções criminais, civis e processuais cabíveis, aplicar ao responsável multa de até vinte por cento do valor da causa, de acordo com a gravidade da conduta.
§3º Não sendo paga no prazo a ser fixado pelo juiz, a multa prevista no §2º será inscrita como dívida ativa da União ou do Estado após o trânsito em julgado da decisão que a fixou, e sua execução observará o procedimento da execução fiscal, revertendo-se aos fundos previstos no art. 97.
§4º A multa estabelecida no §2º poderá ser fixada independentemente da incidência das previstas nos arts. 523, §1º, e 536, §º.
§5º Quando o valor da causa for irrisório ou inestimável, a multa prevista no §2º poderá ser fixada em até 10 (dez) vezes o valor do salário-mínimo.
§6º Aos advogados públicos ou privados e aos membros da Defensoria Pública e do Ministério Público não se aplica o disposto nos §§2º a 5º, devendo eventual responsabilidade disciplinar ser apurada pelo respectivo órgão de classe ou corregedoria, ao qual o juiz oficiará.
§7º Reconhecida violação ao disposto no inciso VI, o juiz determinará o restabelecimento do estado anterior, podendo, ainda, proibir a parte de falar nos autos até a purgação do atentado, sem prejuízo da aplicação do §2º.
§8º O representante judicial da parte não pode ser compelido a cumprir decisão em seu lugar.

Administração Indireta como autarquias e fundações), mas jamais se confunde com os titulares dessas entidades (Presidente da República, Governador, Prefeito e Diretores ou Presidentes das autarquias e fundações), que são as pessoas responsáveis por todos os atos administrativos no âmbito da instituição que representam.

A interpretação a ser dada ao caso dos Advogados Públicos é semelhante à de um Advogado particular (empregado ou contratado para uma causa) representando em juízo uma pessoa jurídica numa ação civil. Como não possuem poderes de gestão, administração e gerência visto tais atributos serem inerentes ao titular da empresa ou da entidade, em tese, somente estes últimos poderiam cometer o crime de desobediência.

A pessoa intimada para cumprir a ordem judicial deve ter competência para a cumprir independentemente da interferência de outras pessoas.[23]

A jurisprudência é vasta nesse sentido, bastando no momento a indicação de um precedente a título de exemplo:

PROCESSO PENAL – DESOBEDIÊNCIA – TRANCAMENTO - PROCEDIMENTO INVESTIGATIVO - AÇÃO PENAL – CONDUTA MANIFESTAMENTE ATÍPICA – INEXISTÊNCIA DE DOLO GENÉRICO.

- A denúncia, ao descrever o fato supostamente criminoso, asseverou que as pacientes, funcionárias da empresa de telefonia celular fluminense, e que ocupavam apenas cargo de auxiliar administrativo, solicitaram, em 31.07.2000, ao órgão competente da empresa, que procedesse ao requerido pela autoridade judicial. Tal circunstância é corroborada com o efetivo envio dos documentos, embora tardio, pois operou-se em 12.09.2000, pela TELERJ CELULAR S.A. Se não houve eficiência na conduta das pacientes, daí não se pode afirmar que tenha sido criminosa.

- *Destarte, no caso ora sub judice, a atipicidade da conduta das pacientes é evidente, porquanto, como supostas destinatárias, elas não tinham o dever jurídico de obedecer, já que competia à Presidência da TELERJ CELULAR S.A. o cumprimento da medida, uma vez que à pessoa jurídica foi dirigida a ordem. Assim, trata-se de auxiliares administrativas que transmitiram a*

---

[23] PENAL. PROCESSUAL. ORDEM JUDICIAL. DESOBEDIÊNCIA. "HABEAS CORPUS".
1. *O crime de desobediência (CP, art. 330) só se configura se a ordem legal é endereçada diretamente a quem tem o dever legal de cumpri-la.*
2. A lei exige a fundamentação de todos os decisórios judiciais (CF, art. 93, XI), sob pena de nulidade.
3. "Habeas Corpus" conhecido; pedido deferido. (HC nº 10.150/RN, Rel. Min. Edson Vidigal, Quinta Turma, julgado em 07.12.1999, *DJ*, 21 fev. 2000, p. 143)

ordem judicial, não demonstrando, com tal atitude, a intenção de se oporem à sobredita determinação.

- Ordem concedida para determinar o trancamento do inquérito policial e, na eventualidade de já haver sido recebida a denúncia, o trancamento da ação penal. (HC nº 17697/RJ, Rel. Ministro Jorge Scartezzini, Quinta Turma, julgado em 04.12.2001, *DJ*, 02 set. 2002, p. 212)

A ciência efetiva da ordem judicial deve ser buscada sob pena de atipicidade do crime.

Nesse diapasão pode-se ressaltar o posicionamento de Guilherme de Souza Nucci, que não admite a possibilidade de responsabilidade penal objetiva com o envio de mero ofício ou carta que poderia gerar uma inconclusiva ciência da determinação, sendo a forma mais adequada o uso do oficial de justiça.[24]

Da mesma forma será inconcebível a consumação da desobediência por mera publicação no *Diário Oficial*, pois nem mesmo há segurança de que os causídicos tomarão ciência dessa decisão que exige o dolo (vontade) do descumprimento para a efetivação do crime.

No tocante à impossibilidade de apenação por desobediência aos Advogados Públicos há inúmeros precedentes:

HABEAS CORPUS. PENAL. CRIMES DE DESOBEDIÊNCIA E PREVARICAÇÃO.

DESCUMPRIMENTO DE ORDEM JUDICIAL DETERMINANDO O PAGAMENTO DE QUANTIA RELATIVA A REPASSE DO SUS A CLÍNICA CONVENIADA. ORDEM DIRIGIDA A QUEM NÃO TEM COMPETÊNCIA FUNCIONAL PARA DETERMINAR, DE FORMA DIRETA, O SEU CUMPRIMENTO. CONSTRANGIMENTO ILEGAL EVIDENCIADO.

1. Via de regra, não se admite habeas corpus contra decisão proferida em sede liminar pelo relator da impetração na instância de origem, sob pena de indevida supressão de instância. Verbete sumular n.º 691 do STF.

2. No entanto, este Superior Tribunal de Justiça e o próprio Supremo Tribunal Federal têm mitigado esse entendimento, de modo a admitir impetrações dessa natureza em situações absolutamente excepcionais, onde restar claramente evidenciada a ilegalidade do ato coator, a exigir providência imediata, o que se vislumbra na presente hipótese.

3. *Não possuindo o Paciente - Procurador Seccional da União em Marília/SP - o poder funcional de, diretamente, proceder ao cumprimento da ordem legal, uma vez que somente poderia liberar os valores pleiteados judicialmente, em medida*

---

[24] NUCCI, Guilherme de Souza. *Manual de direito penal*: parte geral parte especial. 4. ed. São Paulo: Revista dos Tribunais, 2008. p. 978.

liminar, através de parecer favorável da Consultoria Jurídica do Ministério da Saúde, não pode, dessa forma, ser responsabilizado criminalmente como prevaricador e desobediente. Precedentes do STJ. **4.** Ordem concedida para, confirmando a liminar deferida, determinar, em definitivo, a expedição de salvo-conduto em favor do ora Paciente. (HC nº 48.734/SP, Rel. Ministra Laurita Vaz, Quinta Turma, julgado em 20.11.2007, *DJ*, 17 dez. 2007, p. 231)

PENAL. PROCESSUAL. INTIMAÇÃO DE JUIZ A PROCURADOR-GERAL DO ESTADO PARA DEPOSITAR DINHEIRO PARA PAGA-MENTO DE EXAME DNA EM AÇÃO DE INVESTIGAÇÃO DE PATERNIDADE. DESOBEDIENCIA. "HABEAS CORPUS". RECURSO. *1. CONFIGURA JUSTO RECEIO ENSEJANDO "HABEAS CORPUS" PREVENTIVO INTIMAÇÃO, SOB AS PENAS DA LEI, PARA QUE AUTORIDADE DO EXECUTIVO PAGUE DESPESA DE PERICIA EM PROCESSO EM QUE O ESTADO NÃO E PARTE.* 2. RECURSO CONHECIDO E PROVIDO. (RHC nº 4.488/MS, Rel. Ministro Edson Vidigal, Quinta Turma, julgado em 31.05.1995, *DJ*, 14 ago. 1995, p. 24036)

PENAL. HABEAS CORPUS. PROCURADOR AUTÁRQUICO. DESOBE-DIÊNCIA. FRAUDE PROCESSUAL. ATIPICIDADE. TRANCAMENTO DE INQUÉRITO POLICIAL. *Procurador do INSS não detém competência legal para efetivar pagamentos, tampouco para cumprir administrativamente a ordem judicial nesse sentido. O pagamento de valores decorrentes de sentença condenatória deve observar a forma constitucionalmente prevista para o adimplemento das dívidas da Fazenda Pública.* Não há fraude ou dolo na comunicação efetivada no processo previdenciário acerca do cumprimento da ordem judicial de implantação do benefício de salário-maternidade, que já havia se esgotado no tempo pela sua própria natureza temporária (do que decorreu a implantação administrativa com a situação de "cessado"). (TRF4, HC nº 0001618-45.2011.404.0000, Sétima Turma, Relator Márcio Antônio Rocha, *DE*, 16 jun. 2011)

PENAL. HABEAS CORPUS. PROCURADOR AUTÁRQUICO. DESO-BEDIÊNCIA. FRAUDE PROCESSUAL. ATIPICIDADE. TRANCA-MENTO DE INQUÉRITO POLICIAL. *Procurador do INSS não detém competência legal para efetivar pagamentos, tampouco para cumprir administrativamente a ordem judicial nesse sentido. O pagamento de valores decorrentes de sentença condenatória deve observar a forma constitucionalmente prevista para o adimplemento das dívidas da Fazenda Pública.* Não há fraude ou dolo na comunicação efetivada no processo previdenciário acerca do cumprimento da ordem judicial de implantação do benefício de salário-maternidade, que já havia se esgotado no tempo pela sua própria natureza temporária (do que decorreu a implantação administrativa com a situação de "cessado"). (TRF4, HC nº 0001618-45.2011.404.0000, Sétima Turma, Relator Márcio Antônio Rocha, *DE*, 16 jun. 2011)

No âmbito do Conselho Nacional de Justiça já foram analisados no mínimo dois precedentes em que se averiguava a responsabilidade do magistrado por determinar a prisão de Advogado Público em virtude do descumprimento de medida liminar.

Apesar de o primeiro julgado reconhecer a irregularidade da prisão diante de inúmeros fatores, dentre os quais a existência de outros meios para incentivar o cumprimento da decisão, o menor potencial ofensivo do delito e as funções do patrono da União judicial e extrajudicialmente, acabou por arquivar a reclamação interposta em face da juíza que exorbitou de suas funções sob o argumento de que o teor do voto proferido reconhecendo a conduta indevida já seria uma espécie de reprimenda ressaltando ser qualquer outra apenação de caráter desproporcional.

RECLAMAÇÃO DISCIPLINAR. INDEPENDÊNCIA JUDICIAL. EXCESSOS. RESPONSABILIZAÇÃO. CUMPRIMENTO DE DECISÃO JUDICIAL. ADVOGADO PÚBLICO. CRIME DE DESOBEDIÊNCIA. PRISÃO. INDICATIVOS DE VIOLAÇÕES AOS DEVERES FUNCIONAIS. PENALIDADE DESPROPORCIONAL. ARQUIVAMENTO.

I - A independência judicial tem o sentido de garantir ao magistrado a possibilidade de decidir de forma livre de pressões, de acordo com a lei e o direito, mas não se configura em cláusula de imunidade absoluta, sendo cabível a responsabilização quando configurado excesso que tipifique infração disciplinar.

II – Incompetência do juízo cível para decretação da prisão de natureza criminal.

III - *Cabe ao juiz velar pela rápida solução do litígio e evitar atos atentatórios à dignidade da justiça (CPC, arts. 125, II e III), mas configura-se excessiva, caracterizando, em tese, procedimento incorreto (LOMAN, art. 44) a determinação de prisão de Procurador Federal em razão de descumprimento de decisão judicial, considerando que: a) a atribuição institucional da Advocacia-Geral da União é representar a União judicial e extrajudicialmente; b) o delito de desobediência é de menor potencial ofensivo, não sendo cabível a prisão quando é lavrado termo circunstanciado e o agente se compromete a comparecer (Lei 9099/95, art. 69, parágrafo único), o que não foi determinado no caso; c) poderiam ter sido adotadas alternativas menos gravosas, como a determinação de comparecimento do devedor (CPC, art. 599) ou multa.*

IV - Verificada que a sanção eventualmente aplicável à magistrada se apresentaria desproporcional à falta disciplinar praticada, impõem-se o arquivamento da Reclamação disciplinar.

V - É vedada, no processo administrativo, a imposição de medida superior àquelas estritamente necessárias ao atendimento do interesse público. (CNJ, RD, Reclamação Disciplinar 0002474-56.2009.2.00.0000, Rel. Gilson Dipp, 110ª Sessão, j. 17.08.2010)

No segundo precedente foi determinada a abertura de procedimento administrativo disciplinar em face do magistrado em decorrência da prisão indevida de Procurador Federal acrescentando aos argumentos acima já delineados a ausência de intimação pessoal do destinatário da ordem judicial o que, em tese, prejudicaria a caracterização do crime de desobediência:

RECLAMAÇÃO DISCIPLINAR. INDEPENDÊNCIA. JUDICIAL. EXCESSOS. RESPONSABILIZAÇÃO. CUMPRIMENTO DE DECISÃO JUDICIAL. ADVOGADO PÚBLICO. CRIME DE DESOBEDIÊNCIA. PRISÃO. INDICATIVOS DE VIOLAÇÕES AOS DEVERES FUNCIONAIS. INSTAURAÇÃO DE PROCESSO ADMINISTRATIVO DISCIPLINAR.
I - A independência judicial tem o sentido de garantir ao magistrado a possibilidade de decidir de forma livre de pressões, de acordo com a lei e o direito, mas não se configura em cláusula de imunidade absoluta, sendo cabível a responsabilização quando configurado excesso que tipifique infração disciplinar.
II - *Cabe ao juiz velar pela rápida solução do litígio e evitar atos atentatórios à dignidade da justiça (CPC, arts. 125, II e lll), mas configura-se excessiva, caracterizando, em tese, procedimento incorreto (LOMAN, art. 44) a determinação de prisão de Procuradora Federal em razão de atraso na entrega de documentos em ação de execução, considerando que: a) não houve intimação pessoal da destinatária da ordem; b) o delito de desobediência é de menor potencial ofensivo, não sendo cabível a prisão quando é lavrado termo circunstanciado e o agente se compromete a comparecer (Lei 9099/95 art. 69, parágrafo único), o que não foi determinado poderiam ter sido adotadas alternativas menos a determinação de comparecimento do devedor (CPC, art. 599), multa ou mesmo busca e apreensão dos documentos.*
III - *Havendo indicativos de violação aos deveres funcionais praticada por magistrado, com a adoção de postura incompatível com o exercício da magistratura, consubstanciando, em tese, violação á Lei Complementar nº 35/79 - LOMAN, mostra-se necessária a instauração de processo administrativo disciplinar, a fim de que sejam esclarecidos os fatos e aplicada a penalidade eventualmente cabível.* (CNJ, RD, Reclamação Disciplinar 0000328-42.2009.2.00.0000, Rel. Gilson Dipp, 86ª Sessão, j. 09.06.2009)

Diante do conteúdo dessas decisões, percebe-se que a determinação da prisão de qualquer Advogado Público pelo descumprimento de decisões judiciais é reputada ilegítima e desproporcional como atividade jurisdicional que apresenta evidentemente outras formas de garantir a eficácia da ordem judicial, mesmo se se admitir a corrente que reconhece a possibilidade de crime de desobediência por funcionário público.

Além disso, a maioria dessas decisões é tomada de maneira arbitrária determinando a prisão dos Advogados Públicos que não possuem poderes de gestão ou de domínio sobre o fato ou bem jurídico que se pretende obter com a ação judicial.

Não se deve desconsiderar as prerrogativas inerentes à Advocacia Pública que apresentam lastro constitucional e, portanto, reconhecimento como garantias e direitos de índole fundamental para o Estado Democrático de Direito.

O *caput* do artigo 131 do texto constitucional especifica que "a Advocacia-Geral da União é a instituição que, diretamente ou através de órgão vinculado, representa a União, judicial e extrajudicialmente, cabendo-lhe, nos termos da lei complementar que dispuser sobre sua organização e funcionamento, as atividades de consultoria e assessoramento jurídico do Poder Executivo".

Da mesma forma, o *caput* do artigo 132 da Constituição preconiza que "os Procuradores dos Estados e do Distrito Federal, organizados em carreira, na qual o ingresso dependerá de concurso público de provas e títulos, com a participação da Ordem dos Advogados do Brasil em todas as suas fases, exercerão a representação judicial e a consultoria jurídica das respectivas unidades federadas."

O *caput* do artigo 134 determina que a Defensoria Pública "é instituição essencial à função jurisdicional do Estado, incumbindo-lhe a orientação jurídica e a defesa, em todos os graus, dos necessitados, na forma do art. 5º, LXXIV."

E, de maneira abalizada, o artigo 133 do texto constitucional não deixa dúvidas sobre a importância da Advocacia como um todo ao consagrar que "o advogado é indispensável à administração da justiça, sendo inviolável por seus atos e manifestações no exercício da profissão, nos limites da lei."

Ora, se a representação dos entes públicos em juízo é privativa da Advocacia Pública e os causídicos são invioláveis por seus atos e manifestações no exercício da profissão em que se baseia a decretação da prisão por desobediência de uma ordem judicial que nem sequer é dirigida a eles, pois não detêm os poderes inerentes à gestação e administração da entidade pública que representam.

A Lei nº 8.906 de 04 de julho de 1994 foi uma grande conquista para todos os Advogados do Brasil e em atendimento ao disposto na Constituição Federal de 1988 estipularam vários procedimentos e direitos a esses profissionais que merecem menção neste momento.

Assim, a postulação em juízo é privativa de Advogado, não havendo qualquer dúvida no sentido de que os Advogados Públicos são também Advogados gozando dos mesmos direitos e prerrogativas dos particulares:

> Art. 1º São atividades privativas de advocacia:
>
> I - a postulação a ~~qualquer~~ órgão do Poder Judiciário e aos juizados especiais; (Vide ADIN 1.127-8)
>
> II - as atividades de consultoria, assessoria e direção jurídicas.
>
> Art. 2º O advogado é indispensável à administração da justiça.
>
> §1º No seu ministério privado, o advogado presta serviço público e exerce função social.
>
> §2º No processo judicial, o advogado contribui, na postulação de decisão favorável ao seu constituinte, ao convencimento do julgador, e seus atos constituem múnus público.
>
> §3º No exercício da profissão, o advogado é inviolável por seus atos e manifestações, nos limites desta lei.
>
> Art. 3º O exercício da atividade de advocacia no território brasileiro e a denominação de advogado são privativos dos inscritos na Ordem dos Advogados do Brasil (OAB),
>
> §1º *Exercem atividade de advocacia, sujeitando-se ao regime desta lei, além do regime próprio a que se subordinem, os integrantes da Advocacia-Geral da União, da Procuradoria da Fazenda Nacional, da Defensoria Pública e das Procuradorias e Consultorias Jurídicas dos Estados, do Distrito Federal, dos Municípios e das respectivas entidades de administração indireta e fundacional.*
>
> §2º O estagiário de advocacia, regularmente inscrito, pode praticar os atos previstos no art. 1º, na forma do regimento geral, em conjunto com advogado e sob responsabilidade deste.

A mencionada Lei nº 8.906/1994 ressalta a inexistência de hierarquia entre Advogados e Magistrados priorizando a cordialidade essencial à boa prestação jurisdicional, bem como a liberdade no exercício de suas atividades com a prerrogativa de apenas poder ser preso em flagrante delito durante o exercício profissional se o crime for inafiançável e mesmo assim no momento da detenção a presença do representante da OAB é fundamental sob pena de nulidade da lavratura do auto de prisão em flagrante:

> Art. 6º Não há hierarquia nem subordinação entre advogados, magistrados e membros do Ministério Público, devendo todos tratar-se com consideração e respeito recíprocos.

Parágrafo único. As autoridades, os servidores públicos e os serventuários da justiça devem dispensar ao advogado, no exercício da profissão, tratamento compatível com a dignidade da advocacia e condições adequadas a seu desempenho.

Art. 7º São direitos do advogado:

I - exercer, com liberdade, a profissão em todo o território nacional;

II – a inviolabilidade de seu escritório ou local de trabalho, bem como de seus instrumentos de trabalho, de sua correspondência escrita, eletrônica, telefônica e telemática, desde que relativas ao exercício da advocacia; (Redação dada pela Lei nº 11.767, de 2008)

[...]

IV - ter a presença de representante da OAB, quando preso em flagrante, por motivo ligado ao exercício da advocacia, para lavratura do auto respectivo, sob pena de nulidade e, nos demais casos, a comunicação expressa à seccional da OAB;

V - não ser recolhido preso, antes de sentença transitada em julgado, senão em sala de Estado Maior, com instalações e comodidades condignas, ~~assim reconhecidas pela OAB,~~ e, na sua falta, em prisão domiciliar; (Vide ADIN 1.127-8)

[...]

§2º O advogado tem imunidade profissional, não constituindo injúria, difamação ~~ou desacato~~ puníveis qualquer manifestação de sua parte, no exercício de sua atividade, em juízo ou fora dele, sem prejuízo das sanções disciplinares perante a OAB, pelos excessos que cometer. (Vide ADIN 1.127-8)

§3º O advogado somente poderá ser preso em flagrante, por motivo de exercício da profissão, em caso de crime inafiançável, observado o disposto no inciso IV deste artigo.

[...]

§5º No caso de ofensa a inscrito na OAB, no exercício da profissão ou de cargo ou função de órgão da OAB, o conselho competente deve promover o desagravo público do ofendido, sem prejuízo da responsabilidade criminal em que incorrer o infrator.

§6º Presentes indícios de autoria e materialidade da prática de crime por parte de advogado, a autoridade judiciária competente poderá decretar a quebra da inviolabilidade de que trata o inciso II do *caput* deste artigo, em decisão motivada, expedindo mandado de busca e apreensão, específico e pormenorizado, a ser cumprido na presença de representante da OAB, sendo, em qualquer hipótese, vedada a utilização dos documentos, das mídias e dos objetos pertencentes a clientes do advogado averiguado, bem como dos demais instrumentos de trabalho que contenham informações sobre clientes. (Incluído pela Lei nº 11.767, de 2008)

§7º A ressalva constante do §6º deste artigo não se estende a clientes do advogado averiguado que estejam sendo formalmente investigados como seus partícipes ou co-autores.

Diante de todos os elementos apresentados nas linhas acima, constata-se que a decretação de prisão por crime de desobediência do Advogado Público ou Privado afronta uma série de prerrogativas inerentes ao exercício da atividade profissional do causídico em juízo no intuito de promover a defesa dos interesses de seu patrocinado, além de não subsistir a uma análise sistemática de nosso ordenamento jurídico imiscuído por diversas garantias constitucionais de preservação da liberdade em suas diversas concepções individual e profissional.

Considerações finais

No Brasil, um país em que a democracia reapareceu com a denominada Constituição cidadã de 1988, nosso ordenamento jurídico foi afetado diretamente com a implementação de uma nova roupagem ao conteúdo jurídico das disposições legais vigentes.

Nesse contexto, o crime de desobediência não pode ser considerado um instrumento legítimo, razoável e adequado para a garantia da eficácia do cumprimento de uma decisão judicial.

A ponderação de valores nessa situação que pode enveredar numa prisão indevida de um Advogado Público ou Privado deve ser resolvida com base na garantia da liberdade do exercício profissional e na dignidade da pessoa humana.

Não se pode conceber que diante de todos os elementos acima declinados que deslegitimam a prisão do Advogado Público por desobediência, situação já consolidada na jurisprudência dos Tribunais Superiores, alguns membros do Poder Judiciário ainda insistam na utilização de um instrumento tão drástico quanto a privação da liberdade num Estado Democrático de Direito.

Assim, o papel a ser exercido pela Ordem dos Advogados do Brasil por meio de seus órgãos e comissões, como, por exemplo, da Advocacia Pública e de Prerrogativas, deve ser crucial para impedir que abusos sejam cometidos e uma vez implementados sejam rapidamente solucionados, em prol da defesa de algo tão importante quanto a Advocacia, em que os causídicos são evidentemente os eméritos defensores dos direitos de todos os cidadãos sem discriminações e preconceitos.

Referências

CARVALHO, Ivan Lira de. Descumprimento de ordem judicial por funcionário público. *Revista Trimestral de Direito Público*, São Paulo, n. 10, p. 187-95, 1995.

COSTA, Paula Bajer Fernandes Martins da. Algumas reflexões sobre a desobediência de funcionário público a ordem judicial e a regra constitucional da separação dos poderes. *Revista dos Tribunais*, São Paulo, v. 84, n. 715, p. 368-70, maio 1995.

DINAMARCO, Cândido Rangel. Execução de liminar em mandado de segurança. Desobediência. Meios de efetivação da liminar. *Revista de Direito Administrativo*, Rio de Janeiro, n. 200, p. 309-25, abr./jun. 1995.

MACHADO, Hugo de Brito. Prisão por desobediência a Ordem judicial. *Revista Trimestral de Jurisprudência dos Estados*, São Paulo, v. 16, n. 96, p. 25-39, jan. 1992.

NUCCI, Guilherme de Souza. *Manual de direito penal*: parte geral parte especial. 4. ed. São Paulo: Revista dos Tribunais, 2008.

RODRIGUES, Mauricio Andreiuolo. Festa nos jardins do Parque Lage: desobediência a decisão judicial. *Boletim dos Procuradores da República*, São Paulo, v. 1, n. 10, p. 26, fev. 1999.

SILVA, De Plácido e. *Vocabulário Jurídico*. 29. ed. Rio de Janeiro: Forense, 2012.

Informação bibliográfica deste texto, conforme a NBR 6023:2002 da Associação Brasileira de Normas Técnicas (ABNT):

BARBUGIANI, Luiz Henrique Sormani. O advogado público e o crime de desobediência: considerações sobre as prerrogativas da Advocacia Pública. *In*: BARBUGIANI, Luiz Henrique Sormani (Coord.). *Prerrogativas da advocacia pública*: direitos não são benefícios, mas instrumentos da democracia para uma atuação eficiente e ética no trato da coisa pública. Belo Horizonte: Fórum, 2016. p. 17-53. ISBN 978-85-450-0142-3.

A ADVOCACIA PÚBLICA E O COMBATE À CORRUPÇÃO: DESTAQUE ÀS PREVISÕES DA LEI ANTICORRUPÇÃO

LEILA CUÉLLAR
CLÓVIS ALBERTO BERTOLINI DE PINHO

I Introdução

Os advogados públicos brasileiros desempenham relevantes atribuições no exercício de suas funções, uma vez que orientam, efetuam consultorias e o assessoramento jurídico, ou mesmo a defesa judicial dos entes públicos. A Lei Fundamental de 1988 (artigos 131, 132 e o art. 134 – embora esta última disposição trate especificamente da Defensoria Pública) inovou em relação às outras Constituições brasileiras, destacando a importância do labor da Advocacia Pública, incluindo-a entre as "Funções Essenciais à Justiça".[1]

---

[1] Eis as disposições constitucionais: "Art. 131 - A Advocacia-Geral da União é a instituição que, diretamente ou através de órgão vinculado, representa a União, judicial e extrajudicialmente, cabendo-lhe, nos termos da lei complementar que dispuser sobre sua organização e funcionamento, as atividades de consultoria e assessoramento jurídico do Poder Executivo. [...] §3º - Na execução da dívida ativa de natureza tributária, a representação da União cabe à Procuradoria-Geral da Fazenda Nacional, observado o disposto em lei. Art. 132 - Os Procuradores dos Estados e do Distrito Federal, organizados em carreira, na qual o ingresso dependerá de concurso público de provas e títulos, com a participação da Ordem dos Advogados do Brasil em todas as suas fases, exercerão a representação judicial e a consultoria jurídica das respectivas unidades federadas. [...] Art. 134. A Defensoria Pública é instituição essencial à função jurisdicional do Estado, incumbindo-lhe a orientação jurídica e a defesa, em todos os graus, dos necessitados, na forma do art. 5º, LXXIV".

Entretanto, com a ampliação das atividades da Administração Pública e a exigência de *dinaminização*, principalmente com a Reforma do Estado empreendida na década de 1990, a Advocacia Pública vem percebendo uma ampliação de suas atribuições, que não se resumem somente à consultoria e à defesa (representação) judicial (e extrajudicial) do ente público. Constata-se que os advogados públicos têm exercido cada vez mais relevantes atividades de controle da Administração Pública, sobretudo quanto à regularidade formal dos procedimentos administrativos, à averiguação de lisura e à idoneidade dos atos administrativos.

Trata-se, como ressaltam alguns autores, e até dispõe a Constituição Federal (quando aborda os advogados de maneira geral), do exercício de função social, de defesa do interesse público e, em última análise, de defesa do cidadão.[2]

Vários diplomas legais conferem relevância aos pronunciamentos da Advocacia Pública, principalmente quanto à pertinência da realização de determinados atos pela Administração Pública. Um exemplo disto é a previsão do art. 38, VI, parágrafo único, da Lei Geral de Licitações – Lei nº 8.666/93 – acerca da eventual necessidade de manifestação jurídica sobre a pertinência da licitação e análise da possibilidade de dispensa ou inexigibilidade de determinado procedimento licitatório.

Nesta linha, a Lei nº 12.846/2013, promulgada em 1º de agosto de 2013, e que ficou conhecida sob a denominação de Lei Anticorrupção, institui importantes previsões que destacam o papel da Advocacia Pública no combate à corrupção. A principal referência a que fazemos alusão é aquela constante do art. 6º, §2º, que impõe o pronunciamento da Advocacia Pública quanto à pertinência das sanções impostas à pessoa jurídica nos processos administrativos conexos.

Além disso, a Lei nº 12.846 conjectura um interessante mecanismo de intervenção judicial que prevê o *protagonismo* da Advocacia Pública

---

[2] Sobre a função social do advogado público, assinala Roberto Luís Luchi Demo que no exercício de sua atividade de controle preventivo, por exemplo, "há um compromisso funcional do advogado público com a nação em defesa da probidade administrativa. E, na atual tendência de crescimento do controle interno dos atos administrativos, o fortalecimento ético das instituições públicas e a materialização dos objetivos fundantes da República pressupõem uma atuação incisiva da Advocacia Pública em cumprir seu cometimento institucional de guardião da lei no seu sentido material. Não se pode olvidar, ainda, o relevo de papel no âmbito da defesa do patrimônio público que, disponibilizado em grande parte pelo Administrado, via tributo, há de se converter em serviços e bens para a sociedade, em especial aos economicamente menos favorecidos" (DEMO, Roberto Luís Luchi. Advocacia Pública. *Revista dos Tribunais*, São Paulo, v. 801, p. 733, 2002).

para a busca da reparação integral dos danos causados por pessoa jurídica, por meio de instrumento processual destinado à reparação dos danos, seguindo o rito da Ação Civil Pública (art. 21 da Lei).

No mesmo sentido, a lei estatui que o "ente público, por meio do seu órgão de representação judicial, ou equivalente, a pedido da comissão a que se refere o caput, poderá requerer as medidas judiciais necessárias para a investigação e o processamento das infrações, inclusive de busca e apreensão" (artigo 10).

Pretende-se neste ensaio fazer alguns apontamentos sobre o papel dos advogados públicos, especialmente no que se refere às previsões da Lei Anticorrupção. O artigo será assim divido: *i*) primeiramente, analisaremos o *status* alçado aos Advogados Públicos na história constitucional brasileira recente; *ii*) em um segundo momento, verificaremos o atual panorama legal dos Advogados Públicos brasileiros, principalmente por meio da exegese da Constituição da República, promulgada em 1988, que deu importante agasalho ao trabalho desenvolvido pelos advogados públicos; *iii*) em terceiro lugar, abordaremos o papel dos advogados públicos na averiguação da regularidade dos procedimentos da Administração Pública; *iv*) e, por fim, identificaremos algumas das disposições da Lei nº 12.846/2013, que atribui, conforme já mencionamos, relevante papel à Advocacia Pública no combate à corrupção, por meio de atuação em processos administrativos e judiciais de responsabilização de pessoas jurídicas por danos causados à Administração Pública.

II Os Advogados Públicos nas Constituições brasileiras

A recente história constitucional brasileira reservou, desde a primeira metade do século XX, previsões para a Advocacia Pública. Aliás, foi a Constituição Federal de 1934 que resguardou, de maneira inédita, no âmbito constitucional brasileiro, espaço à Advocacia Pública, instituindo a Advocacia Pública da União, embora sob as mesmas previsões do Ministério Público.

Ou seja, a Advocacia Pública esteve ligada ao exercício das funções do Ministério Público. "Foi a Constituição de 1934 que institucionalizou a Advocacia Pública da União, embora com a denominação 'Ministério Público', como um dos órgãos de cooperação nas atividades governamentais (arts. 95-98)".[3]

---

[3] SILVA, José Afonso da. *Comentário Contextual à Constituição*. 8. ed. São Paulo: Malheiros, 2012. p. 618.

58 | LUIZ HENRIQUE SORMANI BARBUGIANI (COORD.)
PRERROGATIVAS DA ADVOCACIA PÚBLICA – DIREITOS NÃO SÃO BENEFÍCIOS, MAS INSTRUMENTOS DA DEMOCRACIA...

Ainda que a Constituição de 1937, amplamente marcada pela influência ditatorial do Estado Novo, nada tenha disposto acerca das funções do Ministério Público, e consequentemente sobre a Advocacia Pública, esta ausência de previsão constitucional não é de se espantar. A supressão dos referidos artigos que disciplinavam o papel da Advocacia Pública na Carta Constitucional de 1937[4] é apenas desígnio do regime político que vigorava à época. Paulo Bonavides e Antônio Paes de Andrade afirmam que a Constituição de 1937 "é o reflexo de uma corrente autoritária de pensamento, que subjugou nossas melhores esperanças democráticas. [...] Ela foi o biombo de uma ditadura que sequer tinha preocupações com os disfarces".[5]

De outro lado, a Constituição Federal de 1946 trouxe as mesmas previsões da Constituição de 1934 quanto à Advocacia Pública, atribuindo suas funções ao Ministério Público.[6] De maneira análoga ao que dispunha a Constituição de 1934, o Ministério Público não se

---

[4] Denominamos o referido documento de Carta Constitucional pelo simples fato de não considerarmos a Constituição de 1937 como uma verdadeira Constituição (na acepção hodierna e contemporânea de Lei Fundamental), já que ela não apresenta os mínimos pressupostos necessários a um documento erigido para disciplinar um Estado Democrático de Direito. O constitucionalista português José Joaquim Gomes Canotilho esclarece que o "Estado Constitucional não é nem deve ser apenas um Estado de Direito. [...] Ele tem de estruturar-se como *Estado de direito democrático*, isto é, como uma ordem de domínio legitimada pelo povo. A articulação do 'direito' e do 'poder' no Estado Constitucional significa, assim, que o poder do Estado deve organizar-se e exercer-se em termos democráticos. O princípio da soberania popular é, pois, uma das traves mestras do Estado constitucional. O poder político derivado do 'poder dos cidadãos'" (CANOTILHO, José Joaquim Gomes. *Direito Constitucional e Teoria da Constituição*. 5. ed. Coimbra: Almedina, 1997. p. 97-98, *grifos no original*). Logo, a Constituição deixa de ser tão somente o Estatuto-Jurídico do Político. Para um estudo mais aprofundado sobre o tema, ampliar em QUEIROZ, Cristina. *Direito Constitucional*: as instituições do Estado Democrático e Constitucional. Coimbra: Coimbra Ed., 2009. p. 11.

[5] BONAVIDES, Paulo; ANDRADE, Antônio Paes de. *História Constitucional do Brasil*. Brasília: OAB, 2000. p. 339.

[6] "Art. 125 - A lei organizará o Ministério Público da União, junto a Justiça Comum, a Militar, a Eleitoral e a do Trabalho. Art. 126 - O Ministério Público federal tem por Chefe o Procurador-Geral da República. O Procurador, nomeado pelo Presidente da República, depois de aprovada a escolha pelo Senado Federal, dentre cidadãos com os requisitos indicados no artigo 99, é demissível *ad nutum. Parágrafo único - A União será representada em Juízo pelos Procuradores da República, podendo a lei cometer esse encargo, nas Comarcas do interior, ao Ministério Público local.* Art. 127 - Os membros do Ministério Público da União, do Distrito Federal e dos Territórios ingressarão nos cargos iniciais da carreira mediante concurso. Após dois anos de exercício, não poderão ser demitidos senão por sentença judiciária ou mediante processo administrativo em que se lhes faculte ampla defesa; nem removidos a não ser mediante representação motivada do Chefe do Ministério Público, com fundamento em conveniência do serviço. Art. 128 - *Nos Estados, a Ministério Público será também organizado em carreira, observados os preceitos do artigo anterior e mais o princípio de promoção de entrância a entrância*" (grifos nossos).

vinculava ao Poder Executivo, sendo disciplinado no Capítulo que tratava do Poder Judiciário. Curiosamente, o Ministério Público deveria promover a defesa da sociedade, porém, sem se olvidar da defesa dos interesses estatais.

Pontes de Miranda, ao tecer comentários a respeito do papel do Ministério Público na Constituição de 1946, expõe que o *parquet* não se submete a nenhum dos poderes, muito menos a uma vinculação ao Chefe do Poder Executivo. "O Governador não pode, como o Presidente da República também não o poderia, ordenar que, em certo caso, ou em certas espécies, o Ministério Público não promova [suas funções]".[7]

No mesmo diapasão, Carlos Maximiliano aduz que o Ministério Público, na Constituição de 1946, consistiria em uma espécie de magistratura excepcional. "O Ministério Público adquiriu, com a evolução social, considerável importância; em vez de ser um simples prolongamento do Executivo no seio dos Tribunais, tornou-se a chamada – *magistratura de pé*. Não acusa sistemàticamente; é órgão do Estado; mas também da sociedade e da lei".[8]

Verifica-se que o art. 126, parágrafo único, da CF/1946 trouxe previsão interessante, que nos permite afirmar que somente competia ao Ministério Público a defesa em juízo da União Federal, por meio dos Procuradores da República: "A União será *representada em Juízo pelos Procuradores da República*, podendo a lei cometer esse encargo, nas Comarcas do interior, ao Ministério Público local".

Deste modo, incumbia ao Ministério Público, órgão do Poder Judiciário (a lume da Lei Maior de 1946 o exercício das funções de defesa do ente público), o desempenho de atribuições de advocacia pública, defendendo os interesses da União.

A Carta Constitucional de 1967[9] (substancialmente alterada pela Emenda Constitucional nº 1/1969) manteve a mesma referência aos advogados públicos como integrantes da carreira do Ministério Público.[10] Pontes de Miranda, à luz da Carta Constitucional de 1967,

---

7   PONTES DE MIRANDA, Francisco Cavalcanti. *Comentários à Constituição de 1946.* 4. ed. Rio de Janeiro: Borsoi, 1963. t. III, p. 492.

8   MAXIMILIANO, Carlos. *Comentários à Constituição Brasileira.* 5. ed. Rio de Janeiro/São Paulo: Freitas Bastos S.A., 1954. v. II, p. 417-418.

9   Cf. a observação da nota de rodapé nº 2.

10 "Art. 137 - A lei organizará o Ministério Público da União junto aos Juízes e Tribunais Federais. Art. 138 - O Ministério Público Federal tem por Chefe o Procurador-Geral da República, o qual será nomeado pelo Presidente da República, depois de aprovada a escolha pelo Senado Federal, dentre cidadãos com os requisitos Indicados no art. 113, §1º. §1º - Os membros do Ministério Público da União, do Distrito Federal e dos Territórios ingressarão nos cargos iniciais de carreira, mediante concurso público de provas e títulos.

avaliou que o Ministério Público, ao contrário de uma vinculação ao Poder Executivo ou ao Poder Legislativo, deles se distanciava, ao salientar que a Carta Constitucional aparta o Ministério Público desses dois poderes.[11]

No entanto, a propalada independência do Ministério Público defendida por Pontes de Miranda teve vigência curta e rápida, pois a Carta Constitucional de 1967 foi modificada substancialmente pela Emenda Constitucional nº 1/1969, que estabeleceu as bases de um regime ditatorial por 21 anos. "A Emenda nº 1, de 1969, ao substituir a Constituição de 1967, tornou-se de fato a nova Carta, adaptando os vários atos institucionais e complementares. O Executivo se fortaleceu a pretexto de que seguia critérios universais predominantes. É o Governo com a supremacia do Executivo".[12]

É justamente essa predominância do Poder Executivo que irá assinalar, de maneira considerável, a mudança do regime do Ministério Público após a EC nº 1/1969, fato que tem direta consonância para a Advocacia Pública brasileira. O ensinamento do sempre lembrado Pontes de Miranda remarca justamente isso: "A Emenda Constitucional n. 1, de 17 de outubro de 1969, em vez de prosseguir na concepção de 1967, volveu à concepção anterior, e colocou as regras jurídicas sobre o Ministério Público como Seção VII do Capítulo VII, que é sôbre o Poder Executivo".[13]

Por outras palavras, o Ministério Público distanciou-se de um órgão auxiliar ao funcionamento da justiça para se tornar um órgão integrante do Poder Executivo. Muitos autores à época ponderaram este como um fato negativo, afastando o Ministério Público de muitas das conquistas obtidas nas Constituições pretéritas. Porém, ao que parece, este fator foi decisivo para que a Advocacia de Estado ganhasse papel de destaque nos dias de hoje.

Após dois anos de exercício, não poderão ser demitidos senão por sentença judiciária, ou em virtude de processo administrativo em que se lhes faculte ampla defesa; nem removidos, a não ser mediante representação do Procurador-Geral, com fundamento em conveniência do serviço. §2º - A União será representada em Juízo pelos Procuradores da República, podendo a lei cometer esse encargo, nas Comarcas do interior, ao Ministério Público local. Art. 139 - O Ministério Público dos Estados será organizado em carreira, por lei estadual, observado o disposto no parágrafo primeiro do artigo anterior. Parágrafo único - Aplica-se aos membros do Ministério Público o disposto no art. 108, §1º, e art. 136, §4º".

[11] PONTES DE MIRANDA, Francisco Cavalcanti. *Comentários à Constituição de 1967*. São Paulo: Ed. RT, 1967. t. IV, p. 324-325.

[12] BONAVIDES, Paulo; ANDRADE, Antônio Paes de. *Op. cit.*, p. 447.

[13] PONTES DE MIRANDA, Francisco Cavalcanti. *Comentários à Constituição de 1967*: com a Emenda n. I, de 1969. 2. ed. São Paulo: Ed. RT, 1970. t. III, p. 408.

No regime anterior, cabia aos Procuradores da República e aos Promotores de Justiça nos Estados a representação da Fazenda Pública em juízo. Ao ser colocada essa organização sob o Poder Executivo, vários Estados da Federação brasileira, após 1967, efetuaram inclusões em suas Constituições estaduais, instituindo as "Procuradorias-Gerais", que teriam como incumbência precípua o exercício de uma "Advocacia de Estado".[14]

Destaca-se que a Advocacia Pública, ou, como preferem alguns autores, a Advocacia de Estado,[15] esteve diretamente ligada ao exercício das funções do Ministério Público. Essas disposições foram repetidas nas demais Constituições republicanas desde 1934; entretanto, a Constituição Federal promulgada em 1988 lançou papel de relevo aos Advogados Públicos, ao dispor que o exercício de suas funções seria essencial à justiça.

Cumpre advertir o leitor de que não fizemos um estudo aprofundado acerca da história dos Advogados Públicos nas Constituições brasileiras, não sendo objeto precípuo do presente escrito, posto que a breve introdução histórica exercerá o papel de demonstrar o tratamento constitucional dado aos Advogados Públicos em geral, buscando abordar a relevância das atribuições por eles desenvolvidas.[16]

---

[14] Tomamos o exemplo da Constituição do Estado do Paraná editada em 1967, que em seu art. 59 expunha o seguinte: "A Procuradoria Geral do Estado, *como órgão auxiliar do Governador*, representa o Estado judicial e extrajudicialmente e exerce as funções de Consultoria Jurídica ao Poder Executivo, inclusive suas Autarquias, Empresas Públicas e Sociedades de Economia Mista".

[15] Essa é a proposição de Tomás Pará Filho, que em artigo de doutrina publicado em 1970, defendia a necessidade da existência de uma Advocacia de Estado, que fosse apartada do Ministério Público, destoando da previsão da Carta Constitucional de 1967 (alterada substancialmente pela Emenda Constitucional nº 1 de 1969), coteja-se trecho do entendimento do jurista: "Com efeito, no Estado de Direito, a Administração Pública atua podêres jurídicos, objetiva e finalisticamente limitados: desponta, aí, o exercício dos chamados direitos subjetivos da Administração. E a doutrina tem assinalado que essa posição assumida pelo Estado, na persecução de seus próprios fins, é bem observável através da Advocacia do Estado. Pode-se dizer, anotando o relevo do problema, que os Procuradores estão para os interêsses, direitos e obrigações do Estado assim como a defesa dos interêsses e direitos dos particulares estão os advogados em geral" (PARÁ FILHO, Tomás. A advocacia do Estado. *Revista de Direito*, Rio de Janeiro, v. 22, p. 15-16, 1970, ortografia como no original).

[16] Para um estudo mais aprofundado sobre a história dos Advogados Públicos no Brasil, ampliar em GUEDES, Jefferson Carús. Anotações sobre a história dos cargos e carreiras da Procuradoria e da Advocacia Pública no Brasil: começo e meio de uma longa construção. In: GUEDES, Jefferson Carús; SOUZA, Luciane Moessa de (Coord.). *Advocacia de Estado*: questões institucionais para a construção de um Estado de Justiça. Belo Horizonte: Fórum, 2009. p. 335-361. Cf. também o estudo desenvolvido por Roberto Luís Luchi Demo (Advocacia Pública..., p. 699-719).

LUIZ HENRIQUE SORMANI BARBUGIANI (COORD.)
PRERROGATIVAS DA ADVOCACIA PÚBLICA – DIREITOS NÃO SÃO BENEFÍCIOS, MAS INSTRUMENTOS DA DEMOCRACIA...

Diogo de Figueiredo Moreira Neto confirma que a previsão de essencialidade à justiça dos órgãos, assim considerados pela atual Constituição, é ínsita ao próprio Estado Democrático de Direito: "Sinteticamente, portanto, a essencialidade constitucional, tal como aqui estudada, está diretamente conotada ao princípio democrático, daí se poder afirmar que as funções essenciais à justiça são, em última análise, funções essenciais ao próprio Estado Democrático de Direito".[17]

Os Advogados Públicos desempenham importante função, que possui assento/demarcação constitucional. Conforme já referimos, Moreira Neto é o jurista que com grande brilhantismo dissertou sobre o papel da Advocacia Pública. O autor denomina o papel da Advocacia Pública como a *procuratura do Estado*:

> A Constituição cria três tipos institucionais de procuraturas, estas encarregadas das funções essenciais à justiça, exercendo, cada uma delas, atribuições consultativas e postulatórias, todas bem definidas a nível constitucional (artigos 127, 129, 131, 132, 133 e 134, CF.) e infraconstitucional (Constituições estaduais e respectivas leis orgânicas), voltadas a três conjuntos de interesses caracterizados.[18]

Ainda sob a influência do pensamento de Moreira Neto, é possível dividir as funções essenciais à Justiça na atual Constituição em três níveis de Procuraturas: *i*) a procuratura da sociedade – Ministério Público; *ii*) a procuratura do Estado – uma Advocacia Pública *stricto sensu*; *iii*) a procuratura dos hipossuficientes – uma Advocacia Pública *lato sensu*.[19]

Deve-se entender por *procuratura* "a categoria das funções essenciais à justiça e os respectivos órgãos das procuraturas constitucionais, como responsáveis pelo exercício do poder público indispensável para zelar, acautelar e promover importantes interesses públicos, difusos, coletivos e até individuais, nas múltiplas relações intra-sociais, entre sociedade e Estado e intra-estatais".[20]

---

[17] MOREIRA NETO, Diogo de Figueiredo. Funções Essenciais à Justiça. In: MARTINS, Ives Gandra da Silva; MENDES, Gilmar Ferreira; NASCIMENTO, Carlos Valder do (Coord.). *Tratado de Direito Constitucional*. 2. ed. São Paulo: Saraiva, 2012. v. 1, p. 1.134.

[18] MOREIRA NETO, Diogo de Figueiredo. As Funções Essenciais à Justiça e as Procuraturas Constitucionais. *Revista de Informação Legislativa*, Brasília, v. 116, p. 90, out./dez. 1992.

[19] MOREIRA NETO, Diogo de Figueiredo. Funções Essenciais à Justiça. In: MARTINS, Ives Gandra da Silva; MENDES, Gilmar Ferreira; NASCIMENTO, Carlos Valder do (Coord.). *Tratado de Direito Constitucional*. 2. ed. São Paulo: Saraiva, 2012. v. 1, p. 1.144-1.146.

[20] MOREIRA NETO, Diogo de Figueiredo. *As Funções Essenciais à Justiça...*, p. 101. A noção de *Procuratura* trazida por Moreira Neto é advinda da obra de Oscar Joseph De Plácido e

De todo o exposto, assenta-se que com a promulgação da Constituição Republicana em 1988 a Advocacia Pública ganha *lócus* específico e adequado, com a exigência de uma verdadeira Advocacia de Estado, e não mais vinculada ao desenvolvimento das atividades do *parquet*, que atualmente estaria voltado às atividades de defesa do interesse coletivo e à atuação como *dominus litis* em processos de natureza penal, consoante determinação de fulcro constitucional (art. 129, I).[21]

É preciso frisar, contudo, que, mesmo antes da Constituição de 1988, diversas legislações esparsas já destacaram o importante papel dos advogados públicos.[22]

Silva, que define o vocábulo *Procuratura* como "os representantes judiciais dos interesses do Poder Público nas causas judiciais; as procuraturas estatais abrangem a Advocacia Geral da União, e as Procuradorias dos Estados e dos Municípios, inclusive, de acordo com as leis estaduais e municipais, na defesa dos interesses autárquicos e fundacionais" (SILVA, Oscar Joseph de Plácido e. *Vocabulário jurídico*. Atualizado por Nagib Slaibi e Gláucia Carvalho. 27. ed. Rio de Janeiro: Forense, 2008. p. 1.107).

[21] A Lei Maior estabelece em seu art. 129, I, que compete ao Ministério Público "promover, privativamente, a ação penal pública, na forma da lei". Vale ressaltar a jurisprudência do Supremo Tribunal Federal quanto à referida previsão constitucional, que é a seguinte: "A outorga constitucional de funções de polícia judiciária à instituição policial não impede nem exclui a possibilidade de o Ministério Público, que é o 'dominus litis', determinar a abertura de inquéritos policiais, requisitar esclarecimentos e diligências investigatórias, estar presente e acompanhar, junto a órgãos e agentes policiais, quaisquer atos de investigação penal, mesmo aqueles sob regime de sigilo, sem prejuízo de outras medidas que lhe pareçam indispensáveis à formação da sua 'opinio delicti', sendo-lhe vedado, no entanto, assumir a presidência do inquérito policial, que traduz atribuição privativa da autoridade policial" (BRASIL. *Supremo Tribunal Federal*. HC nº 94173, Relator: Min. Celso de Mello, Segunda Turma, julgado em 27.10.2009). Cf. também CLÈVE, Clèmerson Merlin. *Temas de Direito Constitucional*. 2. ed. Belo Horizonte: Fórum, 2014. p. 264.

[22] No Estado do Paraná, por exemplo, a Procuradoria-Geral do Estado teve sua origem na Advocacia-Geral do Estado e depois na Consultoria-Geral do Estado, criada pelo Decreto-Lei nº 498, de 12 de agosto de 1946. Com a Emenda Constitucional nº 3/71, de 29 de maio de 1971, passou a ser denominada Procuradoria-Geral do Estado, inicialmente integrada à Secretaria de Estado da Justiça. Posteriormente, por meio da Lei Estadual nº 7.074, de 02 de janeiro de 1979, foi instituído o Quadro Especial da carreira de Procurador do Estado, dividida em três classes de Procurador e duas de Advogado. A legislação estabeleceu, ainda, a realização de concurso público de provas e títulos para ingresso na carreira. Através da Lei Complementar nº 26, de 30 de dezembro de 1985 e da Lei Complementar nº 40, de 8 de dezembro de 1987, ficou alterada a carreira de Procurador do Estado, com elevação do número de cargos. Por meio da Emenda Constitucional nº 23, de 20 de novembro de 1984, a Procuradoria-Geral do Estado ficou vinculada diretamente ao Governador do Estado. Através do Decreto nº 6.107, de 15 de fevereiro de 2006, foi aprovado o Regulamento que deu nova estrutura à Procuradoria-Geral do Estado. Em seguida, foram editados o Decreto nº 4.660, de 22 de maio de 2012, e o Decreto nº 10.644, de 07 de abril de 2014. O Decreto nº 2.137, de 13 de agosto de 2015, aprovou o Regulamento vigente da Procuradoria-Geral do Estado do Paraná (Dados extraídos do sítio da PGE/PR <www.pge.pr.gov.br> e do Governo do Estado do Paraná <www.pr.gov.br>. Acesso em: 31 out. 2015).

III O atual panorama jurídico-legal dos advogados públicos

Conforme referimos anteriormente, mesmo que os Advogados Públicos brasileiros tivessem uma distinção nítida de suas carreiras em comparação ao Ministério Público, a Advocacia Pública, especialmente a partir da Constituição de 1988, ganhou regime constitucional particular, desvinculando-se totalmente do Ministério Público, consolidando o seu labor como uma das *Funções essenciais à justiça*.

A Lei Fundamental de 1988 enfatiza o protagonismo da Advocacia Pública na defesa do ente público e do "interesse público"[23] ou "do interesse coletivo".[24] Vários dispositivos legais e constitucionais disciplinam de maneira acentuada a atuação da Advocacia Pública.

Neste breve estudo, daremos destaque às principais disposições constitucionais, àquelas relativas ao Estatuto da Advocacia e da

---

[23] A doutrina administrativista brasileira, principalmente com base nas teorizações de Celso Antônio Bandeira de Mello (este amplamente apoiado na doutrina do italiano Renato Alessi), pondera que o conceito de interesse público no cenário brasileiro se centrou nas distinções entre interesse público primário e interesses secundários. Daniel Wunder Hachem, em amplo estudo a respeito do interesse público, pondera que o "*interesse coletivo primário* é formado pelo complexo de interesses individuais prevalentes em uma determinada organização jurídica da coletividade, expressão unitária de uma multiplicidade de interesses coincidentes. Somente este poderá ser considerado como interesse *público*. Ele se difere tanto do interesse do aparato administrativo, que, por sua vez, são ambos interesses secundários. Tanto o interesse singular de um indivíduo quanto o interesse da Administração Pública enquanto pessoa jurídica pode conflitar ou coincidir com o *interesse coletivo primário* (que é o verdadeiro *interesse público*). Tais *interesses secundários* só poderão ser perseguidos pelo Estado quando houver coincidência entre eles e o *interesse público*" (HACHEM, Daniel Wunder. *Princípio constitucional da supremacia do interesse público*. Belo Horizonte: Fórum, 2011. p. 157). Deste modo, a Advocacia Pública, com base na teoria do interesse público, deveria conjugar os interesses secundários da Administração com o interesse coletivo primário no exercício de suas funções.

[24] A obra de Marçal Justen Filho demonstra-se avessa ao conceito de "interesse público", preferindo a denominação de "interesse coletivo". O autor ainda defende que a utilização do conceito da "supremacia do interesse público" seria esvaziada de sentido, como elemento único de diferenciação do Direito Administrativo, afirmando que a prevalência da proteção dos direitos fundamentais deveria ser o fio condutor, confira-se: "Portanto, o ponto fundamental é a configuração de um direito fundamental de natureza indisponível. O núcleo do direito administrativo não reside no interesse público, mas na promoção dos direitos fundamentais indisponíveis. Quando se invoca o *interesse público* somente se pode ter em vista a realização de direito fundamental, cuja titularidade é atribuída ao Estado precisamente pela inviabilidade de sua concretização se fossem atribuídos à titularidade dos particulares, para realização segundo o regime de direito privado" (JUSTEN FILHO, Marçal. *Curso de Direito Administrativo*. 9. ed. São Paulo: Ed. RT, 2013. p. 153). No mesmo ínterim, Humberto Ávila se posiciona contra o conceito de interesse público formulado por Celso Antônio Bandeira de Mello (cf. ÁVILA, Humberto. Repensando o "Princípio da Supremacia do Interesse Público Sobre o Particular". *Revista Trimestral de Direito Público*, São Paulo, n. 24, p. 159-180, 1998).

Ordem dos Advogados do Brasil (EAOAB – promulgado pela Lei Federal nº 8.906/1994), bem como a algumas das prerrogativas dos Advogados Públicos e demais disposições legais de suma relevância ao desenvolvimento da Advocacia de Estado.

Paulo Luiz Netto Lôbo aduz que a advocacia pública "é espécie do gênero advocacia, porque integra a administração da justiça e não tem natureza nem atribuições da Magistratura ou do Ministério Público".[25]

O Estatuto da Advocacia e da OAB estabelece que a inscrição nos quadros da Ordem dos Advogados do Brasil é o que torna o bacharel em direito advogado. "Para o Estatuto, advogado é o bacharel em direito, inscrito no quadro de advogados da OAB, que realiza atividade de postulação ao Poder Judiciário, como representante judicial de seus clientes, e atividades extrajudiciais de direção, consultoria e assessoria em matérias jurídicas".[26] Portanto, não há de se duvidar que os Advogados Públicos, embora investidos de funções peculiares de assessoramento, consultoria e defesa judicial do ente público, atuam como advogados; não há de ser outra a interpretação.

Além disto, o Regulamento Geral do Estatuto da Advocacia e da OAB, de 16.11.1994, em seu artigo 9º, *caput*, prescreve que exercem a Advocacia Pública os "integrantes da Advocacia-Geral da União, da Defensoria Pública e das Procuradorias e Consultorias Jurídicas dos Estados, do Distrito Federal, dos Municípios, das autarquias e das fundações, estando obrigados à inscrição na OAB, para o exercício de suas atividades".

Objetivando dar maior concretude às reivindicações dos advogados públicos, o CFOAB tratou de sedimentar qual o entendimento, a

---

[25] LÔBO, Paulo Luiz Netto. *Comentários ao Estatuto da Advocacia e da OAB*. 7. ed. São Paulo: Saraiva, 2013. p. 47. Muito embora o Tribunal Regional Federal da 4ª Região já tenha acolhido a tese de que os Advogados Públicos da União não necessitariam de inscrição na Ordem dos Advogados do Brasil para advogar, entendemos de modo diverso, consoante os diversos precedentes advindos dos demais Tribunais Regionais Federais brasileiros que confirmam a exigência imprescindível de inscrição na OAB para o exercício das funções de advogado público (cf. BRASIL. Tribunal Regional Federal da 4ª Região. AC nº 5005052-82.2011.404.7201/SC. Relatora: Maria Lucia Luz Leiria, julgado em 08.03.2013). No próprio âmbito do Tribunal Regional da 4ª Região há precedentes no sentido da obrigatoriedade de inscrição na OAB, confira-se BRASIL. *Tribunal Regional da 4ª Região*. AC nº 5003066-71.2012.404.7003, Terceira Turma, Relatora p/ Acórdão Marga Inge Barth Tessler, juntado aos autos em 19.09.2013. No mesmo sentido já se pronunciou o Tribunal Regional Federal da 2ª Região: BRASIL. *Tribunal Regional Federal da 2ª Região*. AC nº 200851010214583, Desembargadora Federal Maria Alice Paim Lyard, Data: 14.03.2011.

[26] LÔBO, Paulo Luiz Netto. *Comentários ao Estatuto da Advocacia e da OAB*. 7. ed. São Paulo: Saraiva, 2013. p. 27.

partir do EAOAB, sobre o exercício da advocacia pública, por meio do Provimento nº 114/2006, definiu as bases jurídicas do exercício da advocacia pública no Brasil. Para o referido documento, logo no seu art. 1º, "A advocacia pública é exercida por advogado inscrito na OAB, que ocupe cargo ou emprego público ou de direção de órgão jurídico público, em atividade de representação judicial, de consultoria ou de orientação judicial e defesa dos necessitados".[27]

Como vemos, a interpretação não pode ser diferente: para o efetivo exercício da advocacia pública, é preciso ser inscrito na OAB, sendo requisito para a própria definição de Advogado Público. Como advogados, os Advogados Públicos possuem as mesmas prerrogativas inerentes ao exercício da advocacia que os demais advogados. As prerrogativas dos advogados são, em geral, aquelas expostas no Estatuto da Advocacia e da OAB, principalmente aquelas insertas no art. 7º.[28]

Ao mesmo passo, as prerrogativas dos advogados públicos devem ser vistas em conjunto com o art. 133 da Constituição Federal, que afirma que o advogado "é indispensável à administração da justiça, sendo inviolável por seus atos e manifestações no exercício da profissão, nos limites da lei". Deste modo, o regime jurídico do advogado público nada tem em diminuição aos advogados que exercem sua atividade profissional no âmbito privado.

É preciso observar que os advogados públicos brasileiros se vinculam a um regime jurídico peculiar. Como servidores públicos, em regra, eles respondem perante o regime jurídico estatutário, mesmo com a supressão do regime jurídico único em 1998, promovida pela Emenda Constitucional nº 19/1998.[29] Todavia, também se submetem às

---

[27] ORDEM DOS ADVOGADOS DO BRASIL. *Provimento nº 114/2006*: Dispõe sobre a Advocacia Pública. Disponível em: <http://www.oab.org.br/noticia/8124/oab-aprova-provimento-sobre-exercicio-da-advocacia-publica>. Acesso em: 12 maio 2014.

[28] Paulo Lôbo elenca as seguintes prerrogativas em sua obra: a) independência do advogado ante o juiz e os agentes públicos; b) liberdade do exercício profissional; c) inviolabilidade do advogado; d) imunidade profissional por manifestações e atos; e) sigilo profissional; f) inviolabilidade do local e dos meios de exercício profissional; g) comunicação com cliente preso; h) prisão em flagrante do advogado; i) prisão em sala de Estado-maior; j) direito de ingresso em órgãos judiciários e locais públicos; k) sustentação oral nos tribunais; l) uso da palavra oral: esclarecimentos e reclamações; m) direito a exame e de vista de processos e documentos; n) desagravo público; o) símbolos privativos do advogado; p) retirada do recinto. Ampliar em LÔBO, Paulo Luiz Netto. *Comentários ao Estatuto...*, p. 63-96.

[29] Para um estudo mais aprofundado, verificar a obra de Cármen Lúcia Antunes Rocha, que sobre a redação original da Constituição Federal esclarece: "O que a norma constitucional contida no art. 39, retrotranscrito em sua versão originária, veio trazer ao sistema foi a superação daquele estado administrativo caótico e a obrigatoriedade de um tratamento

normas aplicáveis aos advogados em geral. Nesse sentido, o artigo 10 do Regulamento Geral do Estatuto da Advocacia e da OAB prescreve que os integrantes da advocacia pública, "no exercício de atividade privativa prevista no Art. 1º do Estatuto, sujeitam-se ao regime do Estatuto, deste Regulamento Geral e do Código de Ética e Disciplina, inclusive quanto às infrações e sanções disciplinares".

Os advogados públicos brasileiros se submetem a um regime jurídico dúplice; ou seja, ora respondem pelas obrigações inerentes ao exercício da advocacia, ora pelas suas obrigações como agentes públicos, geralmente identificadas pelas Leis especiais pertinentes. Da mesma forma, são titulares de direitos e prerrogativas inerentes aos dois regimes.

De modo similar, o Conselho Federal da Ordem dos Advogados do Brasil, em sede de Consulta, já sedimentou o referido entendimento: "Advogados públicos submetem-se a *duplo regime* para disciplinar sua atuação: a Lei nº 8.906/94, e, ainda, Lei que estabeleça regime próprio no âmbito da Administração Pública".[30]

É interessante salientar que parte da doutrina, principalmente anterior à própria Constituição Federal de 1988, defendia que os Advogados Públicos deveriam se submeter a regime distinto da disciplina estatutária, por conta das relevantes funções exercidas pelos Advogados de Estado. Essa posição é verificada por Tomás Pará Filho, que defendia: "O Advogado do Estado não pode ser incluído na plana comum da disciplina estatutária, pois, titular de cargo de representação judicial, ou agente da administração preventiva, suas funções exigem disciplina legal autônoma, que se não reduz, nem pode reduzir-se, à disciplina específica do burocrata".[31]

No que tange às atribuições desenvolvidas pelos advogados públicos,[32] deve-se sublinhar pelo menos as seguintes: exercício exclusivo

---

unívoco para o servidor de cada entidade". (ROCHA, Cármen Lúcia Antunes. *Princípios constitucionais dos servidores públicos*. São Paulo: Saraiva, 1999. p. 124.) Ainda sobre o atual regime inserto pós-EC nº 19/98, prossegue a atual Vice- Presidente do Supremo Tribunal Federal afirmando que a supressão textual do ditame da obrigatoriedade não significa que os deveres dos servidores foram excluídos, devendo-se ater às obrigações impostas ao exercício de suas funções como servidores públicos (ROCHA, Cármen Lúcia Antunes. *Princípios constitucionais...*, p. 135-142).

[30] ORDEM DOS ADVOGADOS DO BRASIL. *Consulta nº 0016/2004*. Origem: Conselho Seccional da OAB/Santa Catarina. Ofício nº 1.764/2004, de 04.11.2004. Decidido em 17.05.2010.

[31] PARÁ FILHO, Tomás. *Op. cit.*, p. 40.

[32] Adotamos para as considerações do presente trabalho a noção restrita de advogado público, como "advogado de Estado", deixando de abranger os Defensores Públicos, em

de representação judicial do ente público; defesa do patrimônio público, do interesse público e de interesses coletivos, como a proteção ao meio ambiente e ao consumidor; consultoria jurídica da administração; controle preventivo e defesa da legalidade e da moralidade pública, mediante orientação e análise de documentos, contratos, convênios, projetos de lei, editais de licitação, processos administrativos etc.; colaboração para a implementação de políticas públicas.

Logo, entendemos que, considerando as atribuições próprias dos advogados públicos, seria possível se aventar um regime especial, com garantias institucionais adequadas ao exercício da advocacia, como acontece atualmente com os integrantes da carreira do Ministério Público, que possuem amplo regime de prerrogativas inerentes ao exercício de suas funções. Essa lição é trazida da obra de José Afonso da Silva, que expõe que "os membros do MP precisam de ampla liberdade funcional e maior resguardo para o desempenho de suas funções, não sendo privilégios pessoais as prerrogativas da *vitaliciedade, irredutibilidade de subsídio*, na forma dos arts. 37, XV e 39, §4º (EC 19/1998) e *inamovibilidade* (art. 128, §5º, I 'b') que se lhes reconhecem, mas *garantias* necessárias ao pleno exercício de suas elevadas funções".[33] Nada seria mais justo.[34]

Destacando a relevância da atuação dos advogados públicos, em 2012, a Comissão Nacional da Advocacia Pública da OAB elaborou dez Súmulas que tratam da Advocacia Pública e do compromisso da OAB na defesa dos advogados públicos. Ei-las:

> Súmula 1 - O exercício das funções da Advocacia Pública, na União, nos Estados, nos Municípios e no Distrito Federal, constitui atividade exclusiva dos advogados públicos efetivos a teor dos artigos 131 e 132 da Constituição Federal de 1988.

---

razão da peculiaridade das atribuições por eles desenvolvidas e não identificação com todas as funções atribuídas aos demais, ou, como propõe Diogo de Figueiredo Moreira Neto, uma Advocacia Pública *stricto sensu*.

[33] SILVA, José Afonso da. *Comentário Contextual à Constituição*. 8. ed. São Paulo: Malheiros, 2012. p. 612.

[34] Aliás, além da autonomia e do fortalecimento da Advocacia Pública, merece apoio também o pleito da necessária inclusão na Constituição Federal de previsão específica sobre as carreiras de Procuradores Municipais. Para mais informações, ampliar em: CORDARO, Cesar Antonio Alves. A Advocacia Pública dos Municípios: necessidade tratamento constitucional. In: GUEDES, Jefferson Carús; SOUZA, Luciane Moessa de (Coord.). *Advocacia de Estado*: questões institucionais para a construção de um Estado de Justiça. Belo Horizonte: Fórum, 2009. p. 231-241.

Súmula 2 - A independência técnica é prerrogativa inata à advocacia, seja ela pública ou privada. A tentativa de subordinação ou ingerência do Estado na liberdade funcional e independência no livre exercício da função do advogado público constitui violação aos preceitos Constitucionais e garantias insertas no Estatuto da OAB.

Súmula 3 - A Advocacia Pública somente se vincula, direta e exclusivamente, ao órgão jurídico que ela integra, sendo inconstitucional qualquer outro tipo de subordinação.

Súmula 4 - As matérias afetas às atividades funcionais, estruturais e orgânicas da Advocacia Pública devem ser submetidas ao Conselho Superior do respectivo órgão, o qual deve resguardar a representatividade das carreiras e o poder normativo e deliberativo.

Súmula 5 - Os Advogados Públicos são invioláveis no exercício da função. As remoções de ofício devem ser amparadas em requisitos objetivos e prévios, bem como garantir o devido processo legal, a ampla defesa e a motivação do ato.

Súmula 6 - Os Advogados Públicos são invioláveis no exercício da função, não sendo passíveis de responsabilização por suas opiniões técnicas, ressalvada a hipótese de dolo ou fraude.

Súmula 7 - Os Advogados Públicos, no exercício de suas atribuições, não podem ser presos ou responsabilizados pelo descumprimento de decisões judiciais. A responsabilização dos gestores não pode ser confundida com a atividade de representação judicial e extrajudicial do advogado público.

Súmula 8 - Os honorários constituem direito autônomo do advogado, seja ele público ou privado. A apropriação dos valores pagos a título de honorários sucumbenciais como se fosse verba pública pelos Entes Federados configura apropriação indevida.

Súmula 9 - O controle de ponto é incompatível com as atividades do Advogado Público, cuja atividade intelectual exige flexibilidade de horário.

Súmula 10 - Os Advogados Públicos têm os direitos e prerrogativas insertos no Estatuto da OAB.

IV O papel de controle e fiscalização da regularidade dos procedimentos da Administração Pública

Diogo de Figueiredo Moreira Neto assevera que os Advogados Públicos tiveram o escopo de suas atribuições aumentado substancialmente nos últimos anos. A ampliação da relevância das atividades dos Advogados Públicos passa pela própria alteração da dinâmica da Administração Pública brasileira, principalmente após a década de 1990. Como frisamos, Moreira Neto, ao dissertar sobre o tema das funções essenciais à justiça, pondera ser fundamental o papel da Advocacia Pública, constituindo, na terminologia do autor, verdadeira *procuratura* de ordem constitucional, que garante o exato exercício dos interesses estatais e coletivos, conforme já referimos anteriormente.[35] O jurista carioca ainda defende que embora a Advocacia Pública esteja presente no título das funções essenciais à justiça na CF/88,[36] naturalmente, ela exerce funções estranhas à mera essencialidade da justiça, *verbis*:

> [...] deve-se assinalar que a ampliação e diversificação do Direito Administrativo contemporâneo têm determinado uma paralela expansão das atividades da Advocacia de Estado, valendo mencionar, à guisa de exemplos deste fenômeno, entre outros, o desenvolvimento da regulática, a propagação das agências reguladoras, o avanço consensualidade, multiplicando as formas pactuais de acordos e contratos, o aperfeiçoamento sobre as finanças públicas e a diversificação das soluções extrajudiciais de controvérsias, entre tantas outras, que estão se tornando o campo mais dinâmico das funções essenciais à justiça, com acentuada utilidade para o desenvolvimento da eficiência e do controle das políticas públicas em todos os níveis de governo.[37]

---

[35] Em artigo de doutrina o autor pondera: "A advocacia pública destina-se à defesa dos interesses públicos bem como dos interesses individuais, coletivos e difusos que a ordem jurídica lhe cometer, com ou sem caráter exclusivo, e é praticada por profissionais de direito, agentes públicos, constituindo-se, no sentido amplo, no ministério público, sendo seus órgãos singulares os advogados públicos, e, órgãos coletivos, as procuradorias das pessoas jurídicas de direito público, entre as quais se destacam as procuraturas constitucionais" (As Funções Essenciais à Justiça e as Procuraturas Constitucionais. *Revista de Informação Legislativa*, Brasília, v. 116, p. 90, out./dez., 1992).

[36] "Art. 131. A Advocacia-Geral da União é a instituição que, diretamente ou através de órgão vinculado, representa a União, judicial e extrajudicialmente, cabendo-lhe, nos termos da lei complementar que dispuser sobre sua organização e funcionamento, *as atividades de consultoria e assessoramento jurídico do Poder Executivo*. [...] Art. 132. Os Procuradores dos Estados e do Distrito Federal, organizados em carreira, na qual o ingresso dependerá de concurso público de provas e títulos, com a participação da Ordem dos Advogados do Brasil em todas as suas fases, *exercerão a representação judicial e a consultoria jurídica das respectivas unidades federadas*" (grifos nossos).

[37] MOREIRA NETO, Diogo de Figueiredo. *Funções essenciais à justiça...*, p. 1145.

Observa-se que a Advocacia de Estado toma para si o dever constitucional de resguarda do ente público, efetuando não somente a consultoria ou a defesa em juízo da Administração Pública. Por exemplo, os Advogados Públicos têm desenvolvido relevante papel de controle dos procedimentos administrativos, controle da legalidade, garantindo também aos cidadãos segurança de que a Administração Pública cumprirá com os princípios que lhe informam como aqueles que estariam elencados na Constituição Federal (art. 37, *caput*). Realizam, igualmente, a defesa de interesses públicos, do interesse do cidadão.

Assim, o presente artigo pretende ressaltar a importância dos pronunciamentos da Advocacia Pública, por exemplo, principalmente quanto ao exame/controle da regularidade dos atos, processos e procedimentos administrativos.

Entre os diplomas que dão destaque às manifestações da Advocacia Pública, a Lei Federal nº 9.784/1999, que disciplina o processo administrativo no âmbito da Administração Pública Federal, assinala a importância dos pareceres emitidos pela Assessoria Jurídica da Administração Pública Federal, que no presente caso seria a Advocacia-Geral da União (AGU), especialmente a previsão do art. 42.[38]

Carlos Ari Sundfeld afirma que as Leis de Processo Administrativo são "instrumentos fundamentais ao Estado de Direito e da cidadania, na generalidade dos Estados democráticos".[39] Ou seja, exige-se um atuar racional, direcionado e razoável para o desenvolvimento das atividades da Administração Pública. A Lei de Processo Administrativo Federal coloca essa exigência de um atuar destinado a dar segurança aos cidadãos, e, nesse sentido, ela busca dar uma adequação jurídica aos pareceres/pronunciamentos emitidos pelos Advogados Públicos, que orientam e pautam a atividade da Administração Pública.

---

[38] "Art. 42. Quando deva ser obrigatoriamente ouvido um órgão consultivo, o parecer deverá ser emitido no prazo máximo de quinze dias, salvo norma especial ou comprovada necessidade de maior prazo. §1º Se um parecer obrigatório e vinculante deixar de ser emitido no prazo fixado, o processo não terá seguimento até a respectiva apresentação, responsabilizando-se quem der causa ao atraso. §2º Se um parecer obrigatório e não vinculante deixar de ser emitido no prazo fixado, o processo poderá ter prosseguimento e ser decidido com sua dispensa, sem prejuízo da responsabilidade de quem se omitiu no atendimento".

[39] SUNDFELD, Carlos Ari. Processo e procedimento administrativo no Brasil. In: SUNDFELD, Carlos Ari; MUÑOZ, Guillermo Andrés (Coord.). *As Leis de processo administrativo*: Lei Federal 9.784/99 e Lei Paulista 10.177/98. São Paulo: Malheiros, 2000. p. 18. Há outros estudos de extrema relevância acerca da importância do Processo Administrativo, cf., por exemplo, MOREIRA, Egon Bockmann. *Processo Administrativo*. 4. ed. São Paulo: Malheiros, 2010; MEDAUAR, Odete. *A processualidade no Direito Administrativo*. 2. ed. São Paulo: Ed. RT, 2008; FERRAZ, Sérgio; DALLARI, Adilson Abreu. *Processo Administrativo*. São Paulo: Malheiros, 2000.

72 | LUIZ HENRIQUE SORMANI BARBUGIANI (COORD.)
PRERROGATIVAS DA ADVOCACIA PÚBLICA – DIREITOS NÃO SÃO BENEFÍCIOS, MAS INSTRUMENTOS DA DEMOCRACIA...

Ainda, deve-se lembrar a relevância dos pronunciamentos emitidos pelos Advogados Públicos no âmbito dos procedimentos licitatórios, consoante disposto pela Lei Geral de Licitações (Lei nº 8.666/1993).

Entende-se por licitação "o processo administrativo por meio do qual a Administração Pública seleciona pessoas aptas a bem executar determinados contratos administrativos".[40] A licitação é o meio principal de contratação da Administração Pública brasileira, por meio do qual ela celebra contratos administrativos, principalmente aqueles que são destinados a compras, obras e serviços públicos.[41]

Os procedimentos licitatórios têm sido o meio essencial pelo qual a Administração Pública tem celebrado contratos administrativos. Marçal Justen Filho define que "o procedimento de licitação reduz drasticamente a liberdade de escolha do administrador. Por regra, o resultado final não decorre de critério decisório subjetivo. Vence a licitação a proposta que se configura como a mais satisfatória segundo critérios objetivos".[42] Assim, fica assentado que o procedimento licitatório busca otimizar as contratações públicas brasileiras, por meio da previsão de ritos específicos ao sistema de celebração de contratos administrativos.[43]

Como parte essencial de sua função de orientação da Administração Pública, a Advocacia Pública possui desempenho capital no procedimento licitatório, mediante orientação da Administração Pública quanto à regularidade, conveniência e legalidade da licitação, esta compreendida como um procedimento. A Lei nº 8.666, no seu

---

[40] MOREIRA, Egon Bockmann; GUIMARÃES, Fernando Vernalha. *Licitação Pública*. 2. ed. atual., rev. e aum. São Paulo: Malheiros, 2015. p. 33-34.

[41] Há também que se mencionar a utilização das licitações para a contratação de serviços de engenharia e obras. Hamilton Bonatto, em escrito que versa sobre o tema, pondera que a Lei nº 8.666/93 não tratou por bem definir o que vem a ser "serviço de engenharia", afirmando que se adota o entendimento de que são aqueles serviços que exigem a supervisão de um profissional de engenharia ou arquitetura (BONATTO, Hamilton. *Licitações e contratos de obras e serviços de engenharia*. 2. ed. Belo Horizonte: Fórum, 2012. p. 25).

[42] JUSTEN FILHO, Marçal. *Curso de Direito Administrativo*. 9. ed. São Paulo: Ed. RT, 2013. p. 495.

[43] É preciso advertir que o Direito brasileiro vem sofrendo processo de substituição gradual da Lei Geral de Licitações por regimes extravagantes de licitações, como o colocado no Regime Diferenciado de Contratações (RDC – Lei nº 12.462, de 2011). A observação é a seguinte: "Isto é, a tradicional LGL está em processo de extinção, por meio da expulsão normativa de seu habitat natural. Há cada vez menos espaço fático para a LGL viver: atualmente, ela continua sendo um animal forte e robusto, resistente ao máximo, mas com ambiente de aplicação muito menor e, por isso mesmo, pouco tempo de sobrevivência. Os ventos sopram no sentido de sua extinção" (MOREIRA, Egon Bockmann; GUIMARÃES, Fernando Vernalha. *Op. cit.*, p. 30).

art. 38, VI, parágrafo único, prevê papel relevante para a Advocacia Pública no controle da conveniência dos procedimentos licitatórios, *in verbis*:

> Art. 38. O procedimento da licitação será iniciado com a abertura de processo administrativo, devidamente autuado, protocolado e numerado, contendo a autorização respectiva, a indicação sucinta de seu objeto e do recurso próprio para a despesa, e ao qual serão juntados oportunamente: [...]
>
> VI - pareceres técnicos ou jurídicos emitidos sobre a licitação, dispensa ou inexigibilidade;
>
> Parágrafo único. As minutas de editais de licitação, bem como as dos contratos, acordos, convênios ou ajustes devem ser previamente examinadas e aprovadas por assessoria jurídica da Administração. (Redação dada pela Lei nº 8.883, de 1994)

No mesmo sentido, dada a abertura de um procedimento licitatório, cumprirá à Assessoria Jurídica da Administração Pública, que em sua maioria é constituída pela Advocacia Pública, a análise dos termos da licitação. Deste modo, o Advogado Público possui um certo *"controle"* da correta regularidade dos procedimentos licitatórios, meio precípuo de contratação da Administração Pública brasileira.

Marçal Justen Filho, ao efetuar comentários sobre as mencionadas previsões da Lei de Licitações, assevera que o parágrafo único do art. 38 determina a *obrigatoriedade* da prévia análise da licitação pela assessoria jurídica. Todavia, observa que a manifestação da assessoria jurídica é a verificação da regularidade dos atos, e não a aprovação.[44] Embora os pareceres jurídicos emitidos pelos Advogados Públicos no âmbito da possibilidade de averiguação da conveniência de determinado procedimento de contratação não vinculem diretamente a Administração Pública, denota-se que os Advogados Públicos possuem ampla possibilidade de orientação e informação da Administração Pública.

Embora não seja escopo do presente estudo tratar do tema referente ao entendimento doutrinário e jurisprudencial acerca da natureza dos pareceres e da possibilidade ou não de responsabilização da assessoria jurídica no âmbito de procedimentos licitatórios, emitidos com base no art. 38, VI, da Lei nº 8.666/1993, é preciso pontuar a

---

44 JUSTEN FILHO, Marçal. *Comentários à Lei de Licitações e Contratos Administrativos*. 12. ed. São Paulo: Dialética, 2008. p. 491-492.

necessidade de cautela e reflexão quanto a eventual responsabilização dos Advogados Públicos e sua abrangência.[45] O que se pretendeu neste tópico foi demonstrar que os Advogados Públicos têm papel de destaque no controle da legalidade dos atos administrativos, como nos procedimentos licitatórios, e que as opiniões versadas nos pareceres emitidos têm suma relevância para a atuação da Administração Pública. Ainda, por meio da atuação consultiva, por exemplo, podem os advogados públicos efetuar esse controle sobre determinados procedimentos licitatórios.[46]

V O papel da advocacia pública previsto na Lei Anticorrupção

No dia 1º de agosto de 2013, a Presidente da República sancionou a Lei nº 12.846/13, que dispõe sobre a responsabilização objetiva administrativa e civil de pessoas jurídicas, decorrente de atos lesivos à Administração Pública brasileira ou estrangeira. A Lei ficou conhecida popularmente como Lei Anticorrupção.[47] [48]

---

[45] Sobre o assunto, remetemos ao texto de TORRES, Ronny Charles Lopes de. *A responsabilidade do Advogado de Estado em sua função consultiva.* In: GUEDES, Jefferson Carús; SOUZA, Luciane Moessa de (Coord.). *Advocacia de Estado:* questões institucionais para a construção de um Estado de Justiça. Belo Horizonte: Fórum, 2009. p. 139-164. No âmbito do Supremo Tribunal Federal, cf. BRASIL. *Supremo Tribunal Federal.* MS nº 24584, Relator: Min. Marco Aurélio, Tribunal Pleno, julgado em 09.08.2007, *DJe*-112.

[46] Acerca da atuação consultiva efetuada pelos advogados públicos, especialmente preventiva e pró-ativa, remetemos aos textos de SOUZA, Luciane Moessa de. Consultoria jurídica no exercício da advocacia pública: prevenção como melhor instrumento para a concretização dos objetivos do Estado brasileiro. In: GUEDES, Jefferson Carús; SOUZA, Luciane Moessa de (Coord.). *Advocacia de Estado:* questões institucionais para a construção de um Estado de Justiça. Belo Horizonte: Fórum, 2009. p. 165-185; MACEDO, Rommel. A atuação da Advocacia-Geral da União no controle preventivo de legalidade e de legitimidade: independência funcional e uniformização de entendimentos na esfera consultiva. In: GUEDES, Jefferson Carús; SOUZA, Luciane Moessa de (Coord.). *Advocacia de Estado...,* p. 465-483; e PANOEIRO, Cláudio de Castro; PANOEIRO, Jeane A. Esteves; RODRIGUES, Rafaella Ramalho. Atuação pró-ativa da Fazenda Pública no combate a improbidade administrativa. In: GUEDES, Jefferson Carús; SOUZA, Luciane Moessa de (Coord.). *Advocacia de Estado...,* p. 631-657.

[47] Em outro escrito, tivemos a oportunidade de ponderar: "Impende destacar que entendemos que o que poderá denominar a Lei como 'anticorrupção, em sentido estrito', em princípio, é especialmente a previsão do inciso I do art. 5º, quando estatui que é ato lesivo: 'prometer, oferecer ou dar, direta ou indiretamente, vantagem indevida a agente público, ou a terceira pessoa a ele relacionada'. As demais condutas estariam abrangidas por uma noção ampla do termo corrupção" (CUÉLLAR, Leila; PINHO, Clóvis Alberto Bertolini de. Reflexões sobre a Lei Federal nº 12.846/2013 (Lei Anticorrupção). *Revista de Direito Público da Economia,* Belo Horizonte, v. 46, p. 142, abr./jun. 2014).

[48] A lei utiliza conceito amplo de corrupção, que vai além das noções de corrupção ativa e passiva previstas no Código Penal. Ampliar em GARCIA, Emerson. A corrupção: uma

O objetivo principal da Lei nº 12.846/2013 é a responsabilização objetiva das pessoas jurídicas que causam danos à Administração Pública; é preciso destacar que a Lei Anticorrupção elenca uma série de condutas consideradas lesivas à Administração Pública, principalmente no art. 5º.[49]

Além disto, há uma aproximação grande entre os preceitos expostos nas previsões penais da Lei Geral de Licitações (LGL – Lei Federal nº 8.666/93) e as condutas admitidas como lesivas pela Lei nº 12.846/2013. Os artigos 89 e seguintes, que tratam dos crimes da LGL, inclusive, utilizam os verbos frustrar, fraudar, admitir, possibilitar, impedir, perturbar, entre outros (verbos também utilizados na Lei nº 12.846/2013).[50] Ou seja, há uma justaposição muito grande entre as

---

visão jurídico-sociológica. *Revista dos Tribunais*, São Paulo, v. 820, fev. 2004; FERRAZ, Sérgio. Corrupção: algumas reflexões. *Revista de Direito Público da Economia – RDPE*, Belo Horizonte, v. 26, ano 7, abr./jun. 2009, *passim*.

[49] "Art. 5º Constituem atos lesivos à administração pública, nacional ou estrangeira, para os fins desta Lei, todos aqueles praticados pelas pessoas jurídicas mencionadas no parágrafo único do art. 1º, que atentem contra o patrimônio público nacional ou estrangeiro, contra princípios da administração pública ou contra os compromissos internacionais assumidos pelo Brasil, assim definidos: I - prometer, oferecer ou dar, direta ou indiretamente, vantagem indevida a agente público, ou a terceira pessoa a ele relacionada; II - comprovadamente, financiar, custear, patrocinar ou de qualquer modo subvencionar a prática dos atos ilícitos previstos nesta Lei; III - comprovadamente, utilizar-se de interposta pessoa física ou jurídica para ocultar ou dissimular seus reais interesses ou a identidade dos beneficiários dos atos praticados; IV - no tocante a licitações e contratos: a) frustrar ou fraudar, mediante ajuste, combinação ou qualquer outro expediente, o caráter competitivo de procedimento licitatório público; b) impedir, perturbar ou fraudar a realização de qualquer ato de procedimento licitatório público; c) afastar ou procurar afastar licitante, por meio de fraude ou oferecimento de vantagem de qualquer tipo; d) fraudar licitação pública ou contrato dela decorrente; e) criar, de modo fraudulento ou irregular, pessoa jurídica para participar de licitação pública ou celebrar contrato administrativo; f) obter vantagem ou benefício indevido, de modo fraudulento, de modificações ou prorrogações de contratos celebrados com a administração pública, sem autorização em lei, no ato convocatório da licitação pública ou nos respectivos instrumentos contratuais; ou g) manipular ou fraudar o equilíbrio econômico-financeiro dos contratos celebrados com a administração pública; V - dificultar atividade de investigação ou fiscalização de órgãos, entidades ou agentes públicos, ou intervir em sua atuação, inclusive no âmbito das agências reguladoras e dos órgãos de fiscalização do sistema financeiro nacional. §1º Considera-se administração pública estrangeira os órgãos e entidades estatais ou representações diplomáticas de país estrangeiro, de qualquer nível ou esfera de governo, bem como as pessoas jurídicas controladas, direta ou indiretamente, pelo poder público de país estrangeiro. §2º Para os efeitos desta Lei, equiparam-se à administração pública estrangeira as organizações públicas internacionais. §3º Considera-se agente público estrangeiro, para os fins desta Lei, quem, ainda que transitoriamente ou sem remuneração, exerça cargo, emprego ou função pública em órgãos, entidades estatais ou em representações diplomáticas de país estrangeiro, assim como em pessoas jurídicas controladas, direta ou indiretamente, pelo poder público de país estrangeiro ou em organizações públicas internacionais".

[50] Para uma análise mais detalhada e precisa acerca dos crimes previstos na Lei nº 8.666/93, verificar o estudo de BITENCOURT, Cezar Roberto. *Direito penal das licitações*. São Paulo: Saraiva, 2012.

ações consideradas como típicas para a Lei Geral de Licitações e alguns dos atos lesivos previstos na Lei Anticorrupção. Alerte-se que será adequado interpretar as normas em harmonia, de forma, inclusive, a evitar eventuais conflitos.

O principal motivo de haver tal previsão de responsabilização objetiva administrativa e civil da pessoa jurídica na Lei Anticorrupção, segundo a Mensagem do Poder Executivo à Câmara dos Deputados, é a inexistência de uma responsabilidade penal da pessoa jurídica que trate de maneira efetiva atos considerados como corruptos: "Observe-se que o presente projeto optou pela responsabilização administrativa e civil da pessoa jurídica, porque o Direito Penal não oferece mecanismos efetivos ou céleres para punir as sociedades empresárias, muitas vezes as reais interessadas ou beneficiadas pelos atos de corrupção".[51]

O fito elementar do ato legislativo foi a responsabilização administrativa e cível, pelos eventuais danos à Administração Pública, principalmente na realização de procedimentos licitatórios, com a prática de atos que possam comprometer a boa realização do processo de contratação pública brasileira. Além disso, é imperioso destacar que se adotou uma responsabilidade objetiva (de ordem cível e administrativa), com a possibilidade de uma desconsideração da personalidade jurídica.[52]

Além disto, é necessário asseverar que a Lei Anticorrupção surgiu como uma das formas de implementar as exigências presentes em compromissos internacionais, que visam à prevenção e ao combate à corrupção, dos quais o Brasil faz parte.[53]

---

[51] BRASIL. *Câmara dos Deputados*. Apresentação da MSC nº 52/2010, do Poder Executivo, que submete à deliberação do Congresso Nacional o texto do projeto de lei que "dispõe sobre a responsabilização administrativa e civil de pessoas jurídicas pela prática de atos contra a administração pública, nacional ou estrangeira e dá outras providências". Disponível em: <http://www.camara.gov.br/proposicoesWeb/prop_mostra rintegra?codteor=735505&file name=Tramitacao-MSC+52/2010+%3D%3E+PL+6826/2010>. Acesso em 22 maio 2014.

[52] Para mais detalhes a respeito destes aspectos da Lei Federal nº 12.846/2013, conferir escrito dos autores: CUÉLLAR, Leila; PINHO, Clóvis Alberto Bertolini de. *Op. cit.*, p. 157-160. Para um estudo sobre a origem e objetivos da Lei Anticorrupção, remetemos aos textos desenvolvidos por MOREIRA NETO, Diogo de Figueiredo; FREITAS, Rafael Véras de. A juridicidade da Lei Anticorrupção: reflexões e interpretações prospectivas. *Revista Fórum Administrativo* [eletrônica], Belo Horizonte, v. 14, fev. 2014; SANTOS, José Anacleto Abduch. Lei anticorrupção, responsabilidade objetiva por atos lesivos contra a administração pública. *Revista Zênite Informativo de Licitações e Contratos*, Curitiba, n. 240, p. 118-123, fev. 2014. Também citamos os diversos trabalhos escritos no livro coordenado por DEL DEBBIO, Alessandra; MAEDA, Bruno Carneiro; AYRES, Carlos Henrique da Silva. *Temas de anticorrupção e compliance*. Rio de Janeiro: Elsevier, 2013.

[53] Em outra ocasião tivemos a oportunidade de aduzir: "é preciso ressaltar que a Lei 12.846/13 está em consonância com diversos Tratados e Convenções Internacionais que tratam do tema da corrupção, observando-se que a mensagem do Poder Executivo também

Inserida nesse contexto de combate à corrupção (em sentido amplo, como visto anteriormente), a Lei nº 12.846 reservou dispositivos que garantem o desempenho de algumas funções essenciais à Advocacia Pública na condução do processo de averiguação/responsabilização pela ocorrência de atos considerados lesivos.

A primeira delas consta no §2º do artigo 6º da Lei em questão, que insere a atuação da Advocacia Pública, mediante manifestação jurídica prévia à aplicação de sanções.[54] A previsão é natural e está em direta consonância com a Constituição brasileira. Recentemente, aliás, o Supremo Tribunal Federal, em sede de juízo monocrático, assentou a compreensão de que compete exclusivamente à Advocacia Pública o desempenho de atividade de assessoramento jurídico do Poder Executivo, seguindo a interpretação do art. 132 da Constituição Federal, cite-se:

> A atividade de assessoramento jurídico do Poder Executivo dos Estados é de ser exercida por procuradores organizados em carreira, cujo ingresso depende de concurso público de provas e títulos, com a participação da Ordem dos Advogados do Brasil em todas as suas fases, nos termos do art. 132 da Constituição Federal. Preceito que se destina à configuração da necessária qualificação técnica e independência funcional desses especiais agentes públicos.[55]

Tendo em vista a interpretação firmada pelo STF, verifica-se que compete somente aos Advogados Públicos o exercício de funções de consultoria e assessoramento jurídico do Poder Executivo. Deste modo, o art. 6º, §2º, ao estabelecer parecer jurídico sobre a conveniência

---

menciona os documentos internacionais de combate à corrupção. A saber, a Convenção Interamericana contra a Corrupção, a Convenção das Nações Unidas contra a Corrupção, a Convenção sobre Combate da Corrupção de Funcionários Públicos Estrangeiros da OCDE, entre outros diplomas internacionais" (CUÉLLAR, Leila; PINHO, Clóvis Alberto Bertolini de. Reflexões sobre a Lei Federal nº 12.846/2013 (Lei Anticorrupção). *Revista de Direito Público da Economia*, Belo Horizonte, v. 46, abr./jun. 2014).

[54] "§2º A aplicação das sanções previstas neste artigo será precedida da manifestação jurídica elaborada pela Advocacia Pública ou pelo órgão de assistência jurídica, ou equivalente, do ente público". De igual modo, o Decreto nº 8.420/2015, regulamentador da Lei nº 12.846/2013 na Administração Pública Federal, estabelece em seu art. 9º, §2º, II e III, que, assim que concluído o Processo Administrativo de Responsabilização – PAR, deverá ser encaminhado o seu relatório à Advocacia-Geral da União ou ao órgão de representação judicial respectivo quando não abrangidos pela AGU.

[55] BRASIL. *Supremo Tribunal Federal*. ADI nº 4.843 MC, Relator: Min. Celso de Mello, julgado em 19.12.2013, publicado em 03.02.2014. *O Supremo Tribunal Federal suspendeu, em caráter liminar, dispositivos da Lei 8.186/07, do Estado da Paraíba, que atribui a ocupantes de cargos em comissão a competência para exercer funções próprias dos procuradores de Estado. A ação foi ajuizada pela Associação Nacional dos Procuradores dos Estados e do Distrito Federal (Anape).*

de sanção administrativa, contempla uma das funções exclusivas dos Procuradores do Estado de exercício da função de orientação da Administração Pública. Assim, e em consonância com a interpretação do STF acima citada, compete somente aos Advogados Públicos, que tenham vínculo efetivo com os entes públicos, o exercício da prerrogativa de manifestação ao longo do processo administrativo de aplicação da sanção administrativa previsto na Lei Anticorrupção.

Percebemos, por conseguinte, que por mais que a Advocacia Pública brasileira esteja inserida constitucionalmente no título das "Funções Essenciais à Justiça", seu papel, hodiernamente, vai além da advocacia consultiva e postulatória, exercendo verdadeiro papel de defesa da própria regularidade de atos administrativos e do rito processual administrativo, além da defesa de interesses coletivos.

É fundamental, portanto, a participação da Advocacia Pública no processo de responsabilização das pessoas jurídicas, com vistas a garantir a regularidade processual, o respeito aos princípios do contraditório e da ampla defesa, a defesa da legalidade, dos princípios constitucionais, além da própria busca de proteção da moralidade, do patrimônio público e do interesse público.

A partir deste raciocínio, permitimo-nos indagar, inclusive, para fins de aplicação da Lei Anticorrupção, se não seria necessário/indicado parecer das Procuradorias Municipais e Estaduais ou da Advocacia-Geral da União em todos os casos envolvendo o Poder Executivo ou se bastaria manifestação da assessoria jurídica de cada órgão (como consta no texto da lei), por exemplo. Entendemos que, independentemente das divisões internas de cada órgão público, em princípio, competiria somente ao corpo jurídico especializado de cada órgão ou entidade pública, com advogados públicos que possuam vínculo de estabilidade, o pronunciamento acerca da aplicabilidade da sanção administrativa.

Outra referência a que se dá destaque na Lei nº 12.846/2013 é aquela constante do parágrafo primeiro do artigo 10: "O ente público, por meio do seu órgão de representação judicial, ou equivalente, a pedido da comissão a que se refere o *caput*, poderá requerer as medidas judiciais necessárias para a investigação e o processamento das infrações, inclusive de busca e apreensão".

O conteúdo da norma, novamente, não poderia ser outro, já que compete somente aos Advogados Públicos brasileiros a defesa judicial dos entes públicos.[56]

---

[56] Leonardo Carneiro da Cunha pondera: "Em se tratando da Fazenda Pública, sua representação é feita, via de regra, por procuradores judiciais, que são titulares de cargos

Por fim, os artigos 18 e seguintes da Lei versam sobre a possibilidade de instauração de medida judicial em face da pessoa jurídica, mediante atuação do Ministério Público e da Advocacia Pública, devendo ser adotado o rito da Ação Civil Pública (Lei nº 7.347/1985). Damos destaque ao seguinte dispositivo, de maior interesse à Advocacia Pública:

Art. 19. Em razão da prática de atos previstos no art. 5º desta Lei, a União, os Estados, o Distrito Federal e os Municípios, por meio das respectivas Advocacias Públicas ou órgãos de representação judicial, ou equivalentes, e o Ministério Público, poderão ajuizar ação com vistas à aplicação das seguintes sanções às pessoas jurídicas infratoras:

I - perdimento dos bens, direitos ou valores que representem vantagem ou proveito direta ou indiretamente obtidos da infração, ressalvado o direito do lesado ou de terceiro de boa-fé;

II - suspensão ou interdição parcial de suas atividades;

III - dissolução compulsória da pessoa jurídica;

IV - proibição de receber incentivos, subsídios, subvenções, doações ou empréstimos de órgãos ou entidades públicas e de instituições financeiras públicas ou controladas pelo poder público, pelo prazo mínimo de 1 (um) e máximo de 5 (cinco) anos.

§1º A dissolução compulsória da pessoa jurídica será determinada quando comprovado:

I - ter sido a personalidade jurídica utilizada de forma habitual para facilitar ou promover a prática de atos ilícitos; ou

II - ter sido constituída para ocultar ou dissimular interesses ilícitos ou a identidade dos beneficiários dos atos praticados.

§2º (VETADO).

§3º As sanções poderão ser aplicadas de forma isolada ou cumulativa.

§4º O Ministério Público ou a Advocacia Pública ou órgão de representação judicial, ou equivalente, do ente público poderá requerer a indisponibilidade de bens, direitos ou valores necessários à garantia do pagamento da multa ou da reparação integral do dano causado, conforme previsto no art. 7º, ressalvado o direito do terceiro de boa-fé.

---

públicos privativos de advogados públicos regularmente inscritos na OAB, detendo, portanto, *capacidade postulatória*. Como a representação decorre da lei, é prescindível a juntada de procuração, de forma que os procuradores representem a Fazenda Pública sem necessidade de haver procuração, eis que este decorre do vínculo legal mantido entre a Administração Pública e o procurador. Vale dizer que os membros da *advocacia pública* são advogados, a quem se confere a *capacidade postulatória*, ou seja, a possibilidade de postulação a qualquer órgão do Poder Judiciário. Uma vez investidos no cargo ou função, os procuradores públicos" (CUNHA, Leonardo Carneiro da. *A Fazenda Pública em Juízo*. 11. ed. São Paulo: Dialética, 2013. p. 19-20).

80 LUIZ HENRIQUE SORMANI BARBUGIANI (COORD.)
PRERROGATIVAS DA ADVOCACIA PÚBLICA – DIREITOS NÃO SÃO BENEFÍCIOS, MAS INSTRUMENTOS DA DEMOCRACIA...

[...]

Art. 21. Nas ações de responsabilização judicial, será adotado o rito previsto na Lei nº 7.347, de 24 de julho de 1985.

Cumpre salientar que a Lei da Ação Civil Pública, Lei nº 7.347, de 1985, em sua redação atual, no artigo 5º, confere legitimidade ativa para a defesa dos interesses difusos ou coletivos (incluída a proteção do patrimônio público)[57] não apenas ao Ministério Público, mas também à Defensoria Pública, à União, Estados, Distrito Federal, Municípios, autarquias, empresas públicas, sociedades de economia mista, fundações e associações.

Especificamente sobre a Ação Civil Pública, Rodolfo de Camargo Mancuso pondera que os legitimados ativos são *metaindividuais*, cujos interesses não devem ser restritos a órgãos governamentais, nem mesmo restrito a somente um órgão como o Ministério Público. "Sob essa diretriz – pluralista e democrática – veio forjada a legitimação ativa prevista no art. 5º. da Lei 7.347/85 [...]. Portanto, trata-se de uma legitimação 'concorrente e disjuntiva', na precisa de expressão de José Carlos Barbosa Moreira".[58]

Logo, previu-se uma legitimação ativa que busca conjugar o maior número possível de entidades, como o Ministério Público, a Defensoria Pública, a União, os Estados, o Distrito Federal e os Municípios, a autarquia, empresa pública, fundação ou sociedade de economia mista e a associação que, concomitantemente, esteja constituída há pelo menos 1 (um) ano nos termos da lei civil. Em outras palavras, a Lei de Ação Civil Pública (ACP) procura congregar o maior número possível de agentes interessados a propor a ação.

Mancuso acredita, ainda, que a solução adotada pela ACP no seu art. 5º é razoável, como uma espécie de "legitimação concorrente e disjuntiva, sem nenhuma preferência ou privilégio".[59]

---

[57] "Art. 1º Regem-se pelas disposições desta Lei, sem prejuízo da ação popular, as ações de responsabilidade por danos morais e patrimoniais causados: (Redação dada pela Lei nº 12.529, de 2011). I - ao meio-ambiente; II - ao consumidor; III – a bens e direitos de valor artístico, estético, histórico, turístico e paisagístico; IV – a qualquer outro interesse difuso ou coletivo. (Incluído pela Lei nº 8.078, de 1990) 1990); V - por infração da ordem econômica; Redação dada pela Lei nº 12.529, de 2011). VI - à ordem urbanística. (Incluído pela Medida provisória nº 2.180-25, de 2001) VII – à honra e à dignidade de grupos raciais, étnicos ou religiosos. (Incluído pela Lei nº 12.966, de 2014)".

[58] MANCUSO, Rodolfo de Camargo. *Ação Civil Pública*. 12. ed. São Paulo: Ed. RT, 2011. p. 118.

[59] MANCUSO, Rodolfo de Camargo. *Ação Civil Pública...*, p. 190.

Acerca do rito da Ação Civil Pública, o mesmo autor observa que este tipo de Ação específica guarda conexões com as demais regras estabelecidas no Código de Processo Civil, tendo em vista o teor de seu art. 19: "Aplica-se à ação civil pública, prevista nesta Lei, o Código de Processo Civil (CPC), aprovado pela Lei nº 5.869, de 11 de janeiro de 1973, naquilo em que não contrarie suas disposições".[60] Logo, a petição inicial deverá observar os pressupostos inerentes ao art. 319 do Código de Processo Civil de 2015. O Tribunal Regional Federal da 3ª Região assentou: "No que diz respeito ao recebimento da peça inicial em ação civil pública, a jurisprudência vem entendendo que havendo indícios de irregularidade a indicar a necessidade da produção de provas para o exame da questão controvertida em cognição exauriente é de rigor o seu recebimento".[61]

De outro lado, o procedimento a ser aplicado nos processos judiciais referentes à Lei Anticorrupção é o comum, pelo simples motivo de que o Código de Processo Civil de 2015 elege o procedimento ordinário como a regra, diferentemente do procedimento previsto no Código de Processo Civil de 1973: "Se comparado com o direito anterior, o Código deixou de bipartir o procedimento comum em ordinário e sumário – atualmente o procedimento comum é um só".[62]

Assinale-se, também, que a Lei de Improbidade Administrativa, nos processos de responsabilização dos agentes da Administração Pública, expressamente adota o procedimento ordinário da Ação Civil Pública como regra, no seu art. 17 estabelece o seguinte: "A ação principal, que terá o rito ordinário, será proposta pelo Ministério Público ou pela pessoa jurídica interessada, dentro de trinta dias da efetivação da medida cautelar".

Marino Pazzaglini Filho aduz que a referida previsão da Lei de Improbidade Administrativa é contraditória, já que nos demais parágrafos deste mesmo art. 17 há referência a procedimentos especiais que retiram essa substância do procedimento ordinário: "Atualmente, com as profundas alterações feitas no procedimento referente à ação de improbidade [...] é induvidoso que o processo civil de conhecimento referente à improbidade administrativa concretiza-se ou exterioriza-se por meio de procedimento especial de jurisdição contenciosa".[63]

---

[60] MANCUSO, Rodolfo de Camargo. Ação Civil Pública..., p. 93.

[61] BRASIL. Tribunal Regional Federal da 3ª Região. AI nº 00186770520134030000, Desembargadora Federal Marli Ferreira, Quarta Turma, julgado em 26.11.2013.

[62] MARINONI, Luiz Guilherme; ARENHART, Sérgio Cruz; MITIDIERO, Daniel. Novo Curso de Processo Civil. São Paulo: Ed. RT, 2015. v. 2, p. 140.

[63] PAZZAGLINI FILHO, Marino. Lei de Improbidade Administrativa Comentada. São Paulo: Atlas, 2002. p. 165.

Ademais, o procedimento previsto na Lei de Ação de Improbidade Administrativa em muito se distancia de um procedimento ordinário, segundo a compreensão do Superior Tribunal de Justiça, *verbis*: "Este juízo de admissibilidade amplíssimo e substancial da petição inicial em contraditório, destarte, estrema a ação de improbidade administrativa de qualquer outra ação que segue o rito comum, assemelhando-se ao que o Código de Processo Penal reserva, por exemplo, para o processo dos crimes de responsabilidade dos funcionários públicos (CPP, arts. 516-517)".[64]

De outro lado, Fábio Medina Osório assenta que as sanções previstas na Lei de Improbidade Administrativa "estão disciplinadas diretamente pelo Direito Administrativo, operacionalizando-se pelo Direito Processual Público que cuida da respectiva ação judicial. Afirmando o caráter não penal dessas sanções".[65] A ponderação do autor tem especial importância, já que alguns autores têm inferido que a Lei Anticorrupção estabelece uma sanção de ordem penal, com a aplicação dos princípios e procedimentos específicos do Direito Penal e Processual Penal,[66] o que reforça o caráter não penal das sanções da Lei Anticorrupção, com a respectiva aplicação das regras do Processo Civil, como aquelas que se referem ao procedimento comum, ao processo judicial previsto na Lei nº 12.846/2013.

Quanto ao prazo prescricional, o *caput* do artigo 25 da Lei nº 12.846/2013 determina que prescrevem em cinco anos as infrações previstas na Lei, "contados da data da ciência da infração ou, no caso de infração permanente ou continuada, do dia em que tiver cessado".[67]

A Lei Anticorrupção, portanto, define previsões que mudaram substancialmente a atuação da Advocacia Pública brasileira quando haja lesão ao patrimônio público nacional ou estrangeiro, contra

---

[64] BRASIL. *Superior Tribunal de Justiça*. REsp nº 841.421/MA, Rel. Ministro Luiz Fux, Primeira Turma, julgado em 22.05.2007.

[65] OSÓRIO, Fábio Medina. *Direito Administrativo Sancionador*. 2. ed. São Paulo: Ed. RT, 2005. p. 176.

[66] Para Carvalhosa, a Lei nº 12.846/2013 é uma típica Lei Penal: "A presente Lei tem nítida natureza penal. Com efeito, as condutas ilícitas tipificadas e os seus efeitos delituosos têm substância penal, na medida que justapõem na esfera penal. [...] Assim, a presente Lei somente se distingue da Lei Penal quanto ao processo e não quanto à sua substância. Em consequência, devem rigorosamente ser observadas as garantias penais, como tem sido reconhecido pelo STJ ao tratar dos processos administrativos sancionatórios" (CARVOLHOSA, Modesto. *Considerações sobre a Lei Anticorrupção das Pessoas Jurídicas*. São Paulo: Ed. RT, 2015. p. 33).

[67] Já o parágrafo único complementa: "Na esfera administrativa ou judicial, a prescrição será interrompida com a instauração de processo que tenha por objeto a apuração da infração".

princípios da administração pública ou contra os compromissos internacionais assumidos pelo Brasil, decorrente de atos lesivos à Administração Pública, nacional ou estrangeira, nos termos da legislação em comento (descrição constante do artigo 5º da Lei).

Compreendemos que a Lei Anticorrupção dá papel de destaque aos serviços desempenhados pela Advocacia Pública, ao estabelecer uma série de normas que estatuem um papel de relevo no processo de responsabilização da pessoa jurídica por atos considerados como lesivos (art. 5º). A Lei nº 12.846/2013, como ficou demonstrado, atribui funções que escapam às funções tradicionais consideradas como usuais para a Advocacia Pública, que a doutrina resume como sendo de consultoria e defesa judicial do ente público.

A Advocacia Pública toma para si o papel de *protagonista* na condução do processo judicial e administrativo de responsabilização da pessoa jurídica por atos lesivos à Administração Pública. Por conseguinte, frisamos que a Lei nº 12.846 destacou as funções da Advocacia Pública, dando concretude, também, às disposições constitucionais que regulam o exercício do labor dos advogados públicos.

VI Considerações finais

Colocadas algumas premissas importantes a respeito do trabalho dos Advogados Públicos, entendemos que a Advocacia Pública tem papel essencial no combate à corrupção (termo entendido em sentido amplo), tendo a legislação infraconstitucional atribuído relevância à atuação de controle e de prevenção (atuação consultiva), sobretudo com a ampla possibilidade de verificação de regularidade dos procedimentos administrativos (em evidência em relação aos procedimentos de contratação pública, por previsão expressa da lei). Todavia, possibilitando, também, a atuação dos advogados públicos por meio de instrumentos judiciais, como a ação civil pública, visando à proteção (ou reparação) do patrimônio público e dos interesses coletivos.

Nesta perspectiva, a denominada Lei Anticorrupção brasileira enfatiza a atuação da advocacia pública nos processos de responsabilização judicial e administrativa das pessoas jurídicas, mediante a sinalização expressa de que a Advocacia Pública deve se pronunciar a respeito da legalidade das sanções impostas na Lei Anticorrupção, bem como a promoção do procedimento judicial previsto na Lei nº 12.846/2013, conjuntamente com o Ministério Público.

Inegável, assim, o papel de destaque concedido à Advocacia Pública no teor da Lei nº 12.846/2013, tomando em conta que muitos dos seus dispositivos reservam o papel de relevo aos pronunciamentos dos advogados públicos, com a ampla possibilidade de controle da legalidade e lisura dos mais diversos atos administrativos.

Curitiba, novembro de 2015.

Referências

ÁVILA, Humberto. Repensando o "Princípio da Supremacia do Interesse Público Sobre a Particular". *Revista Trimestral de Direito Público*, São Paulo, n. 24, 1998.

BITENCOURT, Cezar Roberto. *Direito penal das licitações*. São Paulo: Saraiva, 2012.

BONATTO, Hamilton. *Licitações e contratos de obras e serviços de engenharia*. 2. ed. Belo Horizonte: Fórum, 2012.

BONAVIDES, Paulo; ANDRADE, Antônio Paes de. *História Constitucional do Brasil*. Brasília: OAB, 2000.

BRASIL. AC nº 5005052-82.2011.404.7201/SC. Relatora: Maria Lucia Luz Leiria, julgado em 08.03.2013.

BRASIL. Câmara dos Deputados. Apresentação da MSC nº 52/2010, do Poder Executivo, que submete à deliberação do Congresso Nacional o texto do projeto de lei que "dispõe sobre a responsabilização administrativa e civil de pessoas jurídicas pela prática de atos contra a administração pública, nacional ou estrangeira e dá outras providências". Disponível em: <http://www.camara.gov.br/proposicoesWeb/prop_mostrarintegra?cod teor=735505&filename=Tramitacao-MSC+52/2010+%3D%3E+PL+6826/2010>.

BRASIL. HC nº 94173, Relator: Min. Celso de Mello, Segunda Turma, julgado em 27.10.2009.

BRASIL. MS nᵁ 24584, Relator: Min. Marco Aurélio, Tribunal Pleno, julgado em 09.08.2007, *DJe*-112.

BRASIL. Superior Tribunal de Justiça. REsp nº 841.421/MA, Rel. Ministro Luiz Fux, Primeira Turma, julgado em 22.05.2007.

BRASIL. Supremo Tribunal Federal. ADI nº 4843 MC, Relator: Min. Celso de Mello, julgado em 19.12.2013, publicado em 03.02.2014.

BRASIL. Tribunal Regional da 4ª Região. AC nº 5003066-71.2012.404.7003, Terceira Turma, Relatora p/ Acórdão Marga Inge Barth Tessler, juntado aos autos em 19.09.2013.

BRASIL. Tribunal Regional Federal da 2ª Região. AC nº 200851010214583, Desembargadora Federal Maria Alice Paim Lyard. Data: 14.03.2011.

BRASIL. Tribunal Regional Federal da 3ª Região. AI nº 00186770520134030000, Desembargadora Federal Marli Ferreira, Quarta Turma, julgado em 26.11.2013.

CANOTILHO, José Joaquim Gomes. *Direito Constitucional e Teoria da Constituição*. 5. ed. Coimbra: Almedina, 1997.

CARVOLHOSA, Modesto. *Considerações sobre a Lei Anticorrupção das Pessoas Jurídicas.* São Paulo: Ed. RT, 2015.

CLÈVE, Clèmerson Merlin. *Temas de Direito Constitucional.* 2. ed. Belo Horizonte: Fórum, 2014.

CORDARO, Cesar Antonio Alves. A Advocacia Pública dos Municípios: necessidade tratamento constitucional. In: GUEDES, Jefferson Carús; SOUZA, Luciane Moessa de. (Coord.). *Advocacia de Estado:* questões institucionais para a construção de um Estado de Justiça. Belo Horizonte: Fórum, 2009.

CUÉLLAR, Leila; PINHO, Clóvis Alberto Bertolini de. Reflexões sobre a Lei Federal nº 12.846/2013 (Lei Anticorrupção). *Revista de Direito Público da Economia,* Belo Horizonte, v. 46, abr./jun. 2014.

CUNHA, Leonardo Carneiro da. *A Fazenda Pública em Juízo.* 11. ed. São Paulo: Dialética, 2013.

DEL DEBBIO, Alessandra; MAEDA, Bruno Carneiro; AYRES, Carlos Henrique da Silva. *Temas de anticorrupção e compliance.* Rio de Janeiro: Elsevier, 2013.

DEMO, Roberto Luís Luchi. Advocacia Pública. *Revista dos Tribunais,* São Paulo, v. 801, 2002.

FERRAZ, Sérgio. Corrupção: algumas reflexões. *Revista de Direito Público da Economia – RDPE,* Belo Horizonte, ano 7, v. 26, abr./jun. 2009.

FERRAZ, Sérgio; DALLARI, Adilson Abreu. *Processo Administrativo.* São Paulo: Malheiros, 2000.

GARCIA, Emerson. A corrupção: uma visão jurídico-sociológica. *Revista dos Tribunais,* São Paulo, v. 820, fev. 2004.

GUEDES, Jefferson Carús. Anotações sobre a história dos cargos e carreiras da Procuradoria e da Advocacia Pública no Brasil: começo e meio de uma longa construção. In: GUEDES, Jefferson Carús; SOUZA, Luciane Moessa de (Coord.). *Advocacia de Estado:* questões institucionais para a construção de um Estado de Justiça. Belo Horizonte: Fórum, 2009.

HACHEM, Daniel Wunder. *Princípio constitucional da supremacia do interesse público.* Belo Horizonte: Fórum, 2011.

JUSTEN FILHO, Marçal. *Comentários à Lei de Licitações e Contratos Administrativos.* 12. ed. São Paulo: Dialética, 2008.

JUSTEN FILHO, Marçal. *Curso de Direito Administrativo.* 9. ed. São Paulo: Ed. RT, 2013.

LÔBO, Paulo Luiz Netto. *Comentários ao Estatuto da Advocacia e da OAB.* 7. ed. São Paulo: Saraiva, 2013.

MACEDO, Rommel. A atuação da Advocacia-Geral da União no controle preventivo de legalidade e de legitimidade: independência funcional e uniformização de entendimentos na esfera consultiva. In: GUEDES, Jefferson Carús; SOUZA, Luciane Moessa de (Coord.). *Advocacia de Estado:* questões institucionais para a construção de um Estado de Justiça. Belo Horizonte: Fórum, 2009.

MANCUSO, Rodolfo de Camargo. *Ação Civil Pública.* 12. ed. São Paulo: Ed. RT, 2011.

MARINONI, Luiz Guilherme; ARENHART, Sérgio Cruz; MITIDIERO, Daniel. *Novo Curso de Processo Civil.* São Paulo: Ed. RT, 2015. v. 2.

86 | LUIZ HENRIQUE SORMANI BARBUGIANI (COORD.)
PRERROGATIVAS DA ADVOCACIA PÚBLICA – DIREITOS NÃO SÃO BENEFÍCIOS, MAS INSTRUMENTOS DA DEMOCRACIA...

MAXIMILIANO, Carlos. *Comentários à Constituição Brasileira*. 5. ed. Rio de Janeiro/São Paulo: Freitas Bastos S.A., 1954. v. II.

MEDAUAR, Odete. *A processualidade no Direito Administrativo*. 2. ed. São Paulo: Ed. RT, 2008.

MOREIRA NETO, Diogo de Figueiredo. As Funções Essenciais à Justiça e as Procuraturas Constitucionais. *Revista de Informação Legislativa*, Brasília, v. 116, out./dez. 1992.

MOREIRA NETO, Diogo de Figueiredo. Funções Essenciais à Justiça. In: MARTINS, Ives Gandra da Silva; MENDES, Gilmar Ferreira; NASCIMENTO, Carlos Valder do. (Coord.). *Tratado de Direito Constitucional*. 2. ed. São Paulo: Saraiva, 2012. v. 1.

MOREIRA NETO, Diogo de Figueiredo; FREITAS, Rafael Véras de. A juridicidade da Lei Anticorrupção: reflexões e interpretações prospectivas. *Revista Fórum Administrativo* [eletrônica], Belo Horizonte, v. 14, fev. 2014.

MOREIRA, Egon Bockmann. *Processo Administrativo*. 4. ed. São Paulo: Malheiros, 2010.

MOREIRA, Egon Bockmann; GUIMARÃES, Fernando Vernalha. *Licitação Pública*. 2. ed. atual., rev. e aum. São Paulo: Malheiros, 2015.

ORDEM DOS ADVOGADOS DO BRASIL. Consulta nº 0016/2004. Origem: Conselho Seccional da OAB/Santa Catarina. Ofício nº 1764/2004, de 04.11.2004. Decidido em 17.05.2010.

ORDEM DOS ADVOGADOS DO BRASIL. Provimento nº 114/2006: Dispõe sobre a Advocacia Pública. Disponível em: <http://www.oab.org.br/noticia/8124/oab-aprova-provimento-sobre-exercicio-da-advocacia-publica>.

OSÓRIO, Fábio Medina. *Direito Administrativo Sancionador*. 2. ed. São Paulo: Ed. RT, 2005.

PANOEIRO, Cláudio de Castro; PANOEIRO, Jeane A. Esteves; RODRIGUES, Rafaella Ramalho. Atuação pró-ativa da Fazenda Pública no combate a improbidade administrativa. In: GUEDES, Jefferson Carús; SOUZA, Luciane Moessa de (Coord.). *Advocacia de Estado*: questões institucionais para a construção de um Estado de Justiça. Belo Horizonte: Fórum, 2009.

PARÁ FILHO, Tomás. A advocacia do Estado. *Revista de Direito*, Rio de Janeiro, v. 22, 1970.

PAZZAGLINI FILHO, Marino. *Lei de Improbidade Administrativa Comentada*. São Paulo: Atlas, 2002.

PONTES DE MIRANDA, Francisco Cavalcanti. *Comentários à Constituição de 1946*. 4. ed. Rio de Janeiro: Borsoi, 1963. t. III.

PONTES DE MIRANDA, Francisco Cavalcanti. *Comentários à Constituição de 1967*. São Paulo: Ed. RT, 1967. t. IV.

PONTES DE MIRANDA, Francisco Cavalcanti. *Comentários à Constituição de 1967*: com a Emenda n. I, de 1969. 2. ed. São Paulo: Ed. RT, 1970. t. III.

QUEIROZ, Cristina. *Direito Constitucional*: as instituições do Estado Democrático e Constitucional. Coimbra: Coimbra Ed., 2009.

ROCHA, Cármen Lúcia Antunes. *Princípios constitucionais dos servidores públicos*. São Paulo: Saraiva, 1999.

SANTOS, José Anacleto Abduch. Lei anticorrupção, responsabilidade objetiva por atos lesivos contra a administração pública. *Revista Zênite Informativo de Licitações e Contratos*, Curitiba, n. 240, fev. 2014.

SILVA, José Afonso da. *Comentário Contextual à Constituição*. 8. ed. São Paulo: Malheiros, 2012.

SILVA, Oscar Joseph de Plácido e. *Vocabulário jurídico*. Atualizado por Nagib Slaibi e Gláucia Carvalho. 27. ed. Rio de Janeiro: Forense, 2008.

SOUZA, Luciane Moessa de. Consultoria jurídica no exercício da advocacia pública: prevenção como melhor instrumento para a concretização dos objetivos do Estado brasileiro. In: GUEDES, Jefferson Carús; SOUZA, Luciane Moessa de (Coord.). *Advocacia de Estado*: questões institucionais para a construção de um Estado de Justiça. Belo Horizonte: Fórum, 2009.

SUNDFELD, Carlos Ari. Processo e procedimento administrativo no Brasil. In: SUNDFELD, Carlos Ari; MUÑOZ, Guillermo Andrés (Coord.). *As Leis de processo administrativo*: Lei Federal 9.784/99 e Lei Paulista 10.177/98. São Paulo: Malheiros, 2000.

TORRES, Ronny Charles Lopes de. *A responsabilidade do Advogado de Estado em sua função consultiva*. In: GUEDES, Jefferson Carús; SOUZA, Luciane Moessa de (Coord.). *Advocacia de Estado*: questões institucionais para a construção de um Estado de Justiça. Belo Horizonte: Fórum, 2009.

Informação bibliográfica deste texto, conforme a NBR 6023:2002 da Associação Brasileira de Normas Técnicas (ABNT):

CUÉLLAR, Leila; PINHO, Clóvis Alberto Bertolini de. A Advocacia Pública e o combate à corrupção: destaque às previsões da Lei Anticorrupção. *In*: BARBUGIANI, Luiz Henrique Sormani (Coord.). *Prerrogativas da advocacia pública*: direitos não são benefícios, mas instrumentos da democracia para uma atuação eficiente e ética no trato da coisa pública. Belo Horizonte: Fórum, 2016. p. 55-87. ISBN 978-85-450-0142-3.

O ADVOGADO PÚBLICO E A INVIOLABILIDADE DE SEU INSTRUMENTAL DE TRABALHO

EROULTHS CORTIANO JUNIOR

ANDRÉ LUIZ ARNT RAMOS

1 A OAB, a advocacia pública e a advocacia privada: prerrogativas

A Ordem dos Advogados do Brasil já viu, no seu passado, algumas discriminações *interna corporis* em relação aos advogados públicos, constituídas por manifestações, no mais das vezes, motivadas por idiossincrasias pessoais ou de matriz mesquinha. Este *pejus* atribuído à advocacia pública não mais remanesce. A OAB é a Ordem de todos os advogados, públicos e privados.[1] Esta afirmação tem um

---

[1] Há quem insista na tese de que advogado público não é advogado; este entendimento serve, em regra, para defender interesses individuais e datados, como, por exemplo, a desnecessidade da inscrição de advogados públicos na OAB. Não é o caso de se estender sobre o tema aqui, mas parece-nos que tal posição carece de fundamentação jurídica. Para defendê-la, comumente referem-se trechos de decisões judiciais fora de seu contexto originário. É o que acontece com o julgamento do REsp nº 401.390 (Rel. Min. Humberto Gomes de Barros, julg. 17.10.2002). No caso, apesar de o acórdão dizer que "procuradores de Estado não são, em rigor, advogados" em nenhum momento se debateu a necessidade de o defensor do Estado estar inscrito na OAB: o julgado limitou-se a analisar a obrigatoriedade de apresentação de documento (procuração ou delegação de poderes) para funcionar em defesa da entidade a que se incorporou. Também se tem apegado ao fato de a Constituição dispor sobre a advocacia e sobre a advocacia pública em capítulos distintos. A argumentação topográfica também não se sustenta: breve análise do disposto nos artigos 131 e 132 da CF (tratam da advocacia pública) demonstra que o trato ali existente é de regulação funcional dos advogados públicos, o que não os subtrai ao seu conselho profissional e o que não afasta a aplicação direta do artigo 133 da CF, que fala da indispensabilidade do advogado – público e privado – para a administração da Justiça, além de assegurar a inviolabilidade de seus atos.

forte componente político, mas acima de tudo é uma certeza jurídica. Ela decorre do dever e do escopo da Ordem de regular e fiscalizar a advocacia pública e, também, defendê-la.[2] Prova cabal do que se diz está na recente edição, pelo Conselho Federal da OAB, de dez súmulas que tratam de diversos assuntos peculiares – como a independência técnica funcional e a inviolabilidade dos advogados públicos – à advocacia pública. São elas:

Súmula 1 - O exercício das funções da Advocacia Pública, na União, nos Estados, nos Municípios e no Distrito Federal, constitui atividade exclusiva dos advogados públicos efetivos a teor dos artigos 131 e 132 da Constituição Federal de 1988.

Súmula 2 - A independência técnica é prerrogativa inata à advocacia, seja ela pública ou privada. A tentativa de subordinação ou ingerência do Estado na liberdade funcional e independência no livre exercício da função do advogado público constitui violação aos preceitos Constitucionais e garantias insertas no Estatuto da OAB.

Súmula 3 - A Advocacia Pública somente se vincula, direta e exclusivamente, ao órgão jurídico que ela integra, sendo inconstitucional qualquer outro tipo de subordinação.

Súmula 4 - As matérias afetas às atividades funcionais, estruturais e orgânicas da Advocacia Pública devem ser submetidas ao Conselho Superior do respectivo órgão, o qual deve resguardar a representatividade das carreiras e o poder normativo e deliberativo.

Súmula 5 - Os Advogados Públicos são invioláveis no exercício da função. As remoções de ofício devem ser amparadas em requisitos objetivos e prévios, bem como garantir o devido processo legal, a ampla defesa e a motivação do ato.

Súmula 6 - Os Advogados Públicos são invioláveis no exercício da função, não sendo passíveis de responsabilização por suas opiniões técnicas, ressalvada a hipótese de dolo ou fraude.

---

[2] A Lei nº 8.906/1994 dispõe: "Art. 3º O exercício da atividade de advocacia no território brasileiro e a denominação de advogado são privativos dos inscritos na Ordem dos Advogados do Brasil (OAB). §1º Exercem atividade de advocacia, sujeitando-se ao regime desta lei, além do regime próprio a que se subordinem, os integrantes da Advocacia-Geral da União, da Procuradoria da Fazenda Nacional, da Defensoria Pública e das Procuradorias e Consultorias Jurídicas dos Estados, do Distrito Federal, dos Municípios e das respectivas entidades de administração indireta e fundacional."

Súmula 7 - Os Advogados Públicos, no exercício de suas atribuições, não podem ser presos ou responsabilizados pelo descumprimento de decisões judiciais. A responsabilização dos gestores não pode ser confundida com a atividade de representação judicial e extrajudicial do advogado público.

Súmula 8 - Os honorários constituem direito autônomo do advogado, seja ele público ou privado. A apropriação dos valores pagos a título de honorários sucumbenciais como se fosse verba pública pelos Entes Federados configura apropriação indevida.

Súmula 9 - O controle de ponto é incompatível com as atividades do Advogado Público, cuja atividade intelectual exige flexibilidade de horário.

Súmula 10 - Os Advogados Públicos têm os direitos e prerrogativas insertos no Estatuto da OAB.

2 A inviolabilidade do instrumental de trabalho como prerrogativa do advogado

Partindo da *Súmula 10*, supratranscrita, este breve texto enfrenta o tema das prerrogativas da advocacia aplicadas à advocacia pública, vinculando-se especificamente à prerrogativa da inviolabilidade do escritório ou local de trabalho e dos instrumentos de trabalho.

As prerrogativas dos advogados estão basicamente estampadas nos artigos 6º e 7º da Lei nº 8.906/1994 (Estatuto da Advocacia). Entre elas está a inviolabilidade do local de trabalho do advogado. Originalmente, o Estatuto ostentava a seguinte redação quanto a essa garantia:

Art. 7º. São direitos do advogado: [...] II - ter respeitada, em nome da liberdade de defesa e do sigilo profissional, a inviolabilidade de seu escritório ou local de trabalho, de seus arquivos e dados, de sua correspondência e de suas comunicações, inclusive telefônicas ou afins, salvo caso de busca ou apreensão determinada por magistrado e acompanhada de representante da OAB.[3]

---

[3] Para simples comparação, o anterior estatuto dos advogados dispunha (Lei nº 4.215/1963, na redação dada pela Lei nº 7.346/1994) "Art. 89. São direitos do advogado e do provisionado: [...] II - fazer respeitar, em nome da liberdade de defesa e do sigilo profissional, a inviolabilidade do seu domicílio, do seu escritório e dos seus arquivos; [...] [...] §3º.

92 | LUIZ HENRIQUE SORMANI BARBUGIANI (COORD.)
PRERROGATIVAS DA ADVOCACIA PÚBLICA – DIREITOS NÃO SÃO BENEFÍCIOS, MAS INSTRUMENTOS DA DEMOCRACIA...

A atual redação do dispositivo foi dada pela Lei nº 11.767/2008, que também acresceu dois parágrafos ao artigo 7º do Estatuto:

> Art. 7º. São direitos do advogado:
>
> [...]
>
> II – a inviolabilidade de seu escritório ou local de trabalho, bem como de seus instrumentos de trabalho, de sua correspondência escrita, eletrônica, telefônica e telemática, desde que relativas ao exercício da advocacia.
>
> [...]
>
> §6º. Presentes indícios de autoria e materialidade da prática de crime por parte de advogado, a autoridade judiciária competente poderá decretar a quebra da inviolabilidade de que trata o inciso II do caput deste artigo, em decisão motivada, expedindo mandado de busca e apreensão, específico e pormenorizado, a ser cumprido na presença de representante da OAB, sendo, em qualquer hipótese, vedada a utilização dos documentos, das mídias e dos objetos pertencentes a clientes do advogado averiguado, bem como dos demais instrumentos de trabalho que contenham informações sobre clientes. (Incluído pela Lei nº 11.767, de 2008)
>
> §7º. A ressalva constante do §6º deste artigo não se estende a clientes do advogado averiguado que estejam sendo formalmente investigados como seus partícipes ou co-autores pela prática do mesmo crime que deu causa à quebra da inviolabilidade.

A mudança no Estatuto[4] veio no bojo de ampla discussão sobre o direito de defesa e a atuação de advogados. Conforme justificativa do

---

A inviolabilidade do domicílio e do escritório profissional do advogado não envolve o direito de asilo e somente poderá ser quebrado mediante mandato judicial, nos casos previstos em lei.".

[4] Dois dispositivos da lei foram vetados pela Presidência da República. Um deles conceituava os instrumentos de trabalho do advogado ("São instrumentos de trabalho do advogado todo e qualquer bem móvel ou intelectual utilizado no exercício da advocacia, especialmente seus computadores, telefones, arquivos impressos ou digitais, bancos de dados, livros e anotações de qualquer espécie, bem como documentos, objetos e mídias de som ou imagem, recebidos de clientes ou de terceiros."). Este artigo foi vetado porque "A definição de instrumentos de trabalho, ao compreender 'documentos, objetos e mídias de som ou imagem, recebidos de clientes ou de terceiros', pode ensejar consequências indesejadas: de um lado, clientes investigados poderiam, utilizando-se de artifício que extrapola os limites da relação cliente-advogado, valer-se da norma em questão para ocultar provas de práticas criminosas; de outro lado, a obtenção legítima de provas em escritórios de advocacia poderia ficar prejudicada, pois aumentaria sensivelmente a possibilidade de ataque à licitude das provas por sua potencial vinculação a 'clientes ou terceiros'." Outro artigo impedia que a quebra da inviolabilidade se estendesse a local e instrumentos partilhados com outros advogados ("A quebra da inviolabilidade referida no

projeto de lei, a alteração legislativa visava impedir a conduta delituosa do profissional de direito, mas, ao mesmo tempo, a preservação da inviolabilidade do local de trabalho com o intuito de preservar o sigilo que preside as relações entre cliente e advogado.

Tentou-se impor ao debate a pecha de confronto entre a OAB, de um lado, e Juízes e Promotores de Justiça, do outro; o confronto teria sido vencido pela OAB, já que foi garantida a prerrogativa da inviolabilidade. A percepção e a conclusão são falazes; seja porque se tratava de debate democrático sobre a regulação de atuação investigativa e persecutória do Estado (que não pode ser reduzido a um choque entre instituições, mas um confronto de ideias); seja porque a vitória foi da cidadania e não da OAB.

É que a inviolabilidade, além de ser o corolário do *livre exercício da profissão* (CF, artigo 5º, XIII), é um dos instrumentos operadores do *direito de defesa* (garantido pelo art. 5º, LV, da CF e por instrumentos internacionais, a exemplo da Declaração Universal de Direitos Humanos e do Pacto de Direitos Humanos de San José da Costa Rica) e consequência da *indispensabilidade do advogado* à administração da Justiça (art. 133 da CF). A conjugação do direito de defesa com a atuação do advogado está entre os principais suportes do *Estado Democrático de Direito* (art. 1º da CF), junto com a *cidadania* (art. 1º, II, da CF).

A garantia da inviolabilidade, na forma colocada na lei, mostra-se equilibrada: ao mesmo tempo que garante a inviolabilidade do local e instrumentos de trabalho do advogado, permite, desde que estejam presentes fortes indícios de autoria da prática de crime por parte de advogado, sua quebra por decisão judicial fundamentada. Eventual busca e apreensão, assegura-se, será cumprida na presença de representante da OAB.

---

§6º deste artigo, quando decretada contra advogado empregado ou membro de sociedade de advogados, será restrita ao local e aos instrumentos de trabalho privativos do advogado averiguado, não se estendendo aos locais e instrumentos de trabalho compartilhados com os demais advogados."). A regra foi vetada porque "A redação proposta para o §8º contém comando que pode inviabilizar a investigação criminal na hipótese de arquivos e documentos compartilhados em um escritório de advocacia. Ademais, a supressão do dispositivo em nada altera o resguardo do exercício profissional, uma vez que o acesso aos instrumentos de trabalho compartilhados em um escritório de advocacia não poderá extrapolar os limites do mandado judicial.". Os vetos, aparentemente, fogem das hipóteses permissivas de veto do Poder Executivo, firmadas no §1º do art. 66 da CF.

LUIZ HENRIQUE SORMANI BARBUGIANI (COORD.)
PRERROGATIVAS DA ADVOCACIA PÚBLICA – DIREITOS NÃO SÃO BENEFÍCIOS, MAS INSTRUMENTOS DA DEMOCRACIA...

3 As peculiaridades da advocacia pública e seu instrumental

A advocacia pública tem peculiaridades em relação à advocacia privada. Por exemplo, "o Advogado Público deve atuar como um instrumento viabilizador das políticas públicas de Estado, aproximando a legalidade da legitimidade ao interpretar a norma jurídica no meio judicial e administrativo da maneira mais razoável e proporcional para a consecução do bem comum",[5] o que não quer dizer, em qualquer hipótese, que o advogado privado também não tenha seus deveres de atuação ética, republicana e solidária ao bem comum. Parece evidente que, por estar incorporado a uma pessoa pública e atuar em nome do Estado, esse dever ressalta mais, na prática, ao advogado público. Não obstante, é notório que "a advocacia pública é espécie do gênero advocacia, porque integra a administração da justiça e não tem natureza nem atribuições da Magistratura ou do Ministério Público".[6] Assim:

O Estatuto não disciplina apenas a advocacia privada. Os arts. 131 a 134 da Constituição têm de ser interpretados de modo sistemático, integrado e harmônico. A Constituição não cuida de atividades paralelas ou excludentes, umas de outras, mas de uma atividade de mesma natureza ontológica e jurídica, a advocacia, pouco importando o interesse do patrocinado (estatal ou de pessoa juridicamente necessitada) ou o tipo de vínculo público ou provado do profissional que a exerce.[7]

Insofismável, portanto, que, apesar de não descer às minúcias da atuação do advogado público, os Estatutos da Advocacia e da OAB são integralmente aplicáveis às atividades por ele desenvolvidas. Isso vale, especialmente, para as prerrogativas profissionais do advogado, as quais se dirigem, explicitamente, para o desempenho da relevante função pública encerrada na atividade advocatícia. Outra não é a conclusão a que chega Gondin Ramos:

estes direitos [prerrogativas profissionais do advogado] não lhe são conferidos na condição de pessoas físicas, comuns, mas na especial condição de agente público, no exercício de seu mister, que já dissemos,

---

[5] BARBUGIANI, Luiz Henrique Sormani. A advocacia pública e o bem comum. *Cadernos Jurídicos da OAB/Paraná*, n. 49, mar. 2014.

[6] LÔBO, Paulo Luiz Netto. *Comentários ao Estatuto da Advocacia e da OAB*. 3. ed., rev. e atual. São Paulo: Saraiva, 2002. p. 33.

[7] LÔBO, Paulo Luiz Netto. *Comentários ao Estatuto da Advocacia e da OAB...*, p. 34.

é um *munus* público, para que lhe sejam asseguradas perfeitas condições ao pleno exercício profissional, de modo a garantir seja atendido o interesse público na realização da justiça.[8]

Sem embargo da indistinta aplicabilidade do Estatuto da Advocacia e da OAB – que regula o exercício da advocacia enquanto *atividade profissional* – a advogados públicos ou privados, há problemática que, em específico, salta aos olhos: a extensão da inviolabilidade do instrumental utilizado pelo advogado público em sua atuação, bem como de seu local de trabalho. É que, em geral, o advogado público labora na estrutura física de órgãos administrativos, e seu escritório ou local de trabalho (seria melhor dizer sala ou repartição) e equipamentos (computadores, arquivos, linhas telefônicas) são cedidos pelo poder público ao qual se vincula.

Não interessa ao problema o fato de o advogado público não ser titular, mas apenas possuidor[9] do espaço físico ou instrumentos colocados a sua disposição. A inviolabilidade visa à proteção dos dados e informações contidos no escritório e instrumentos do trabalho. No caso de advogado privado, também não se afasta a inviolabilidade no caso de equipamentos e escritórios locados ou comodatados.

A questão tem mais complexidade na medida em que se constata a vinculação da Administração Pública aos princípios elencados pelo art. 37, *caput*, da Constituição Federal, mormente os da publicidade e moralidade. Isso porque a Administração Pública – *rectius*: o ente representado pelo advogado público – não tem, em tese, documentos ou informações a esconder. Eventuais requisições, portanto, devem ser ineludivelmente atendidas.

Daí para a inferência de que a inviolabilidade do local e dos instrumentos de trabalho do advogado público seria restrita (isto é, que por se tratar da defesa de pessoa pública, não haveria a inviolabilidade do instrumental de seu defensor), há intransponível abismo. Isso porque, na precisa lição de Mamede:

---

[8] GONDIN RAMOS, Gisela. *Estatuto da Advocacia*: comentários e jurisprudência selecionada. 4. ed. Florianópolis: OAB/SC Ed., 2003. p. 134.

[9] Nos termos dos artigos 1.196 e 1.197 do Código Civil, parece não ser caso de detenção: o advogado público acede o ambiente físico de trabalho e usa os instrumentos de trabalho colocados a sua disposição em virtude da relação jurídica contratual ou estatutária que o vincula ao Poder Público. Ele tem, então, direito pessoal ao uso do instrumental, podendo, eventualmente, defender esta sua posse em face de terceiros e, mesmo, do Estado.

Quando o legislador fala em *escritório ou local de trabalho*, cria uma referência ampla: não interessa qual seja o local onde o advogado trabalhe, ele é considerado inviolável. Pode ser todo um prédio, um andar, uma sala ou conjunto de salas, um ambiente em sua casa ou em casa alheia ou, até, em ambientes ou locais que estejam localizados em prédios de empresas de outros clientes. [...] Mais: considerando-se que o legislador ainda se referiu à inviolabilidade de seus *arquivos e dados*, estarão eles acobertados pela regra em todo e qualquer ambiente e situação em que se encontrem.[10]

Pouco importa, destarte, o *status* da relação do advogado (público ou privado) com seus instrumentos e local de trabalho. A inviolabilidade é prerrogativa que se mantém soberana.

Da mesma forma, o dever de transparência imposto pelo feixe de princípios norteadores da atuação administrativa entabulado pelo art. 37, da Constituição Federal, em nada arrefece as prerrogativas funcionais do advogado. Isso porque, ainda que o Estado não possa deixar de apresentar determinados documentos ou prestar informações quando instado a fazê-lo, o local e o instrumental de trabalho utilizados pelo advogado público no exercício de suas funções permanecem intangíveis (ressalvadas, logicamente, as excepcionais hipóteses de que trata o §6º, do art. 7º, do Estatuto da Advocacia e da OAB, conforme exaustivamente afirmado pelo Supremo Tribunal Federal).[11]

---

[10] MAMEDE, Gladston. *A advocacia e a Ordem dos Advogados do Brasil*. 2. ed., rev. e ampl. de acordo com o Novo Código Civil Brasileiro. São Paulo: Atlas, 2003. p. 193.

[11] *Vide*, por exemplo, as seguintes ementas de precedentes editados pelo Supremo Excelsa Corte: "HABEAS CORPUS. BUSCA E APREENSÃO FUNDAMENTADA. VERIFICAÇÃO DE QUE NO LOCAL FUNCIONAVA ESCRITÓRIO DE ADVOCACIA. NECESSIDADE DE FUNDAMENTAÇÃO ESPECÍFICA. AUSÊNCIA DE COMUNICAÇÃO AO MAGIS-TRADO ANTES DA EXECUÇÃO DA MEDIDA. IMPOSSIBILIDADE DE EXECUÇÃO EM SITUAÇÃO DISTINTA DAQUELA DETERMINADA NA ORDEM JUDICIAL. NULIDADE DAS PROVAS COLHIDAS. ORDEM CONCEDIDA. *1. O sigilo profissional constitucionalmente determinado não exclui a possibilidade de cumprimento de mandado de busca e apreensão em escritório de advocacia. O local de trabalho do advogado, desde que este seja investigado, pode ser alvo de busca e apreensão, observando-se os limites impostos pela autoridade judicial. 2. Tratando-se de local onde existem documentos que dizem respeito a outros sujeitos não investigados, é indispensável a especificação do âmbito de abrangência da medida, que não poderá ser executada sobre a esfera de direitos de não investigados. 3.* Equívoco quanto à indicação do escritório profissional do paciente, como seu endereço residencial, deve ser prontamente comunicado ao magistrado para adequação da ordem em relação às cautelas necessárias, sob pena de tornar nulas as provas oriundas da medida e todas as outras exclusivamente delas decorrentes. 4. Ordem concedida para declarar a nulidade das provas oriundas da busca e apreensão no escritório de advocacia do paciente, devendo o material colhido ser desentranhado dos autos do INQ 544 em curso no STJ e devolvido ao paciente, sem que tais provas, bem assim quaisquer das informações oriundas da execução da medida,

As inviolabilidades asseguradas ao advogado, assim como as demais prerrogativas funcionais asseguradas pelo Direito (vide, *e.g.*, os predicamentos da magistratura e as prerrogativas parlamentares), são verdadeiras garantias da estabilização do Estado Democrático de Direito. Assim:

> [...] a inviolabilidade assegurada ao advogado ergue-se como uma poderosa garantia em prol do cidadão de modo a permitir que o profissional legalmente incumbido de falar por si não se acovarde e nem possa sofrer qualquer tipo de represália que lhe retire a liberdade profissional. É, pois, à cidadania que, em última análise, interessa a proteção que se confere ao advogado. A *libertas conviciandi* serve antes à causa defendida e, nessa medida, à justiça, do que propriamente ao advogado.[12]

E essa inferência em nada muda quando transposta ao espaço da advocacia pública. Como visto, esta deve ser instrumento de viabilização de políticas públicas, a fim de facilitar a consecução do bem comum. Assim: se, no âmbito da advocacia privada, *a inviolabilidade assegurada ao advogado é garantia do cidadão, na advocacia pública é garantia dos cidadãos.* Analogamente, a realização pontual da cidadania, permitida pela advocacia privada, é notavelmente ampliada no campo da advocacia pública, vez que o interesse precipuamente perseguido pelo causídico não é o interesse público secundário, limitado ao Estado enquanto agente econômico e político, mas o primário, consubstanciado no rol de direitos fundamentais constitucionalmente assinalado.

---

possam ser usadas em relação ao paciente ou a qualquer outro investigado, nesta ou em outra investigação" (HC nº 91.610, Relator: Min. Gilmar Mendes, Segunda Turma, julgado em 08.06.2010, *DJe*-200, divulg 21.10.2010, public 22.10.2010, ement vol-02420-02, pp-00237, *RTJ*, vol-00216, pp-00346); e "Habeas corpus. Constitucional e processual penal. Desentranhamento das provas coligidas e apreendidas no escritório de advocacia do paciente. Extensão da empresa investigada. Mandado de busca e apreensão expedido por autoridade judicial competente. Possibilidade. 1. Restou demonstrado nos autos que o escritório de advocacia onde foram encontrados os documentos que ora se pretende o desentranhamento era utilizado pelo paciente, também, para o gerenciamento dos seus negócios comerciais. O sucesso da busca no escritório de advocacia comprova que, de fato, aquele local era utilizado como sede de negócios outros, além das atividades advocatícias. 2. É adequada a conduta dos policiais federais que estavam autorizados a cumprir os mandados de busca e apreensão, expedidos por autoridade judicial competente, "nas sedes das empresas", com a finalidade de coletar provas relativas aos crimes investigados no inquérito. 3. Habeas corpus denegado" (HC nº 96.407, Relator: Min. Dias Toffoli, Primeira Turma, julgado em 06.04.2010, *DJe*-096, divulg 27.05.2010, public 28.05.2010, ement vol-02403-02, pp-00830, *RTJ*, vol-00215, pp-00623).

[12] TORON, Alberto Zacharias; SZAFIR, Alexandra Lebelson. *Prerrogativas profissionais do advogado.* 3. ed. Brasília: OAB Ed., 2006. p. 24.

Enfim, a inviolabilidade do local e dos instrumentos de trabalho do advogado público intenta tornar imunes suas atividades, especialmente em relação a eventuais contingências políticas que possam afastar o país dos rumos da democracia. Mais que assegurar independência à atuação do advogado público, então, a inviolabilidade de que fala o art. 7º, II, do Estatuto da Advocacia e da OAB é garantia da pujança do Estado Democrático de Direito.

4 Conclusões

1. A Ordem dos Advogados do Brasil não discrimina, em hipótese alguma, a advocacia pública. Tanto é assim que o Conselho Federal da OAB sumulou entendimentos quanto a diversos aspectos da advocacia pública.

2. As prerrogativas funcionais dos advogados, asseguradas pelos Estatutos da Advocacia e da OAB, resguardam não só o livre exercício da profissão de advogado, mas também (e principalmente) o direito fundamental à ampla defesa e ao contraditório, ínsito à cidadania.

3. A garantia de inviolabilidade do local e dos instrumentos de trabalho do advogado, prevista no art. 7º, II, da Lei nº 8.906/1994, não é absoluta; pode ser excepcionada, por decisão judicial motivada, se presentes fortes indícios da prática de crime por advogado.

4. Ainda que a advocacia pública tenha algumas peculiaridades em relação à privada, ambas são espécies do gênero advocacia, pelo que se sujeitam ao regramento instituído pelos Estatutos da Advocacia e da OAB.

5. O fato de que o advogado público não ostenta o *status* de proprietário do local e/ou dos instrumentos de trabalho que utiliza no desempenho de suas funções não elide proteção oferecida pela garantia de inviolabilidade daqueles.

6. O dever de transparência imposto pelo feixe de princípios norteadores da atuação administrativa entabulado pelo art. 37, da Constituição Federal, em nada arrefece as prerrogativas funcionais do advogado. Isso porque, ainda que o Estado não possa deixar de apresentar determinados documentos ou prestar informações quando instado a fazê-lo, o local e o instrumental de trabalho utilizados pelo advogado público no exercício de suas funções permanecem intangíveis

(ressalvadas as excepcionais hipóteses de que trata o §6º, do art. 7º, do Estatuto da Advocacia e da OAB, conforme exaustivamente afirmado pelo Supremo Tribunal Federal).

7. A vinculação da atuação do advogado público ao bem comum o impele a perseguir o interesse público primário, consubstanciado no rol de direitos fundamentais constitucionalmente assegurados. Mais que assegurar independência à atuação do advogado público a inviolabilidade de que fala o art. 7º, II, do Estatuto da Advocacia e da OAB é garantia da pujança do Estado Democrático de Direito.

Referências

BARBUGIANI, Luiz Henrique Sormani. A advocacia pública e o bem comum. *Cadernos Jurídicos da OAB/Paraná*, n. 49, mar. 2014.

GONDIN RAMOS, Gisela. *Estatuto da Advocacia*: comentários e jurisprudência selecionada. 4. ed. Florianópolis: OAB/SC Ed., 2003.

LÔBO, Paulo Luiz Netto. *Comentários ao Estatuto da Advocacia e da OAB*. 3. ed. rev. e atual. São Paulo: Saraiva, 2002.

MAMEDE, Gladston. *A advocacia e a Ordem dos Advogados do Brasil*. 2. ed., rev. e ampl. de acordo com o Novo Código Civil Brasileiro. São Paulo: Atlas, 2003.

TORON, Alberto Zacharias; SZAFIR, Alexandra Lebelson. *Prerrogativas profissionais do advogado*. 3. ed. Brasília: OAB Ed., 2006.

Informação bibliográfica deste texto, conforme a NBR 6023:2002 da Associação Brasileira de Normas Técnicas (ABNT):

CORTIANO JUNIOR, Eroulths; RAMOS, André Luiz Arnt. O advogado público e a inviolabilidade de seu instrumental de trabalho. *In*: BARBUGIANI, Luiz Henrique Sormani (Coord.). *Prerrogativas da advocacia pública*: direitos não são benefícios, mas instrumentos da democracia para uma atuação eficiente e ética no trato da coisa pública. Belo Horizonte: Fórum, 2016. p. 89-99. ISBN 978-85-450-0142-3.

IMUNIDADE PROFISSIONAL DO PROCURADOR E OS PARECERES NO PROCESSO ADMINISTRATIVO LICITATÓRIO

BRUNO GREGO SANTOS

Introdução

O tema da responsabilidade do advogado público por suas manifestações em procedimentos licitatórios não é o que se pode tomar por novidade em Direito Administrativo. De fato, existe um razoável consenso em torno da categorização dos pareceres e da delimitação da responsabilidade deles decorrente, apesar da falta de uma disposição normativa específica sobre o tema.

No entanto, uma importantíssima questão remanesce, motivo que inspira a escolha do tema do presente capítulo: por que é que tal entendimento não é homogeneamente aplicado, especialmente pelos Tribunais de Contas?

O art. 2º, §3º, da Lei nº 8.906/1994 determina que, "no exercício da profissão, o advogado é inviolável por seus atos e manifestações". Ao mesmo tempo, o art. 32 do mesmo diploma estatui que "o advogado é responsável pelos atos que, no exercício profissional, praticar com dolo ou culpa". Há incompatibilidade entre tais dispositivos?

Ora, na medida em que o tema, apesar de ser considerado vazio de ineditismo, ainda gera graves inseguranças, resta evidente que a chama de sua discussão deve ser mantida viva na literatura. Justamente por tais motivos, elege-se como eixo do presente capítulo a apreciação dos precedentes judiciais sobre o tema, buscando suporte na doutrina apenas em questões pontuais. É que, em se pretendendo sondar a insegurança prática da questão para a atuação diária do advogado público, o estudo da jurisprudência – ainda que nos breves moldes aqui propostos – traz uma peculiar visão do Direito vivo e dos motivos que levam tais decisões de desviar, se é que o fazem, daquele entendimento sedimentado sobre o tema ao qual nos referimos no início.

Atendo-se, portanto, a esse recorte metodológico, o capítulo inicia-se pela delimitação do entendimento atual sobre a responsabilidade do procurador em função da lavratura de pareceres em procedimentos licitatórios. Com base em tal referencial, apresentamos posicionamentos que – aparentemente ou essencialmente – discrepem da lição canônica para, apreciando-os brevemente, sondar o que há de realidade nos reflexos desse cenário sobre as prerrogativas da advocacia pública.

1 Da natureza do parecer jurídico em procedimentos licitatórios e da responsabilidade dele decorrente

Ao tratar das funções essenciais à justiça, a Constituição Federal expressamente prevê a imunidade funcional do advogado determinando, em seu art. 133, que "o advogado é indispensável à administração da justiça, sendo inviolável por seus atos e manifestações no exercício da profissão, nos limites da lei". Tal prerrogativa decorre da relevantíssima função social da advocacia, pautada na transcendência de seus valores.

Essas autonomia e inviolabilidade se estendem, evidentemente, aos advogados públicos, pois advogados são. E, ao discutirmos a relevância social da advocacia pública, um dos aspectos que se destacam é a atuação preventiva no seio da Administração, por meio da expedição de opiniões jurídicas aptas a balizar a atuação da gestão pública.

Ora, na medida em que a lição clássica e a letra da Constituição Federal coroam a legalidade como princípio basilar da Administração Pública – como bem destaca Odete Medauar –, o principal instrumento de defesa e observância dessa legalidade é justamente a atuação preventiva do advogado público. E, no importantíssimo campo das licitações e contratos administrativos, são os pareceres jurídicos os instrumentos de tal mister.

Qual seria, no entanto, a natureza do parecer exarado nesse cenário? Como tal natureza implica a apuração da responsabilidade do advogado público no caso de frustração da legalidade no procedimento licitatório?

Num caráter geral, a natureza jurídica do parecer é atualmente estratificada em três níveis, de acordo com a maior ou menor determinância do parecer sobre o ato administrativo final a ser praticado:

i) no primeiro caso, quando o parecer é requerido pela autoridade administrativa para a prática de ato posterior, sem haver exigência legal para tanto, trata-se de *parecer facultativo*, não havendo vinculação da autoridade ao parecer e consequentemente afastando a responsabilidade do parecerista sobre o ato do administrador;

ii) em segundo plano, quando a lei determina a emissão de parecer mas não impõe a sua observação, vislumbra-se a caracterização do *parecer obrigatório*, cuja emissão é imprescindível mas o administrador pode decidir livremente, independentemente do sentido do parecer, afastando igualmente a responsabilidade do parecerista sobre o ato do administrador;

iii) finalmente, se a lei exige manifestação positiva em forma de parecer para a prática do ato, tem-se o *parecer vinculante*, no qual se transfere parcela do poder decisório ao parecerista e, somente neste caso, o mesmo poderá ser responsabilizado junto do administrador pelos seus atos.

Tal entendimento foi consolidado na jurisprudência pátria no julgamento do Mandado de Segurança nº 24.631 pelo Supremo Tribunal Federal que, em decisão de relatoria do Ministro Joaquim Barbosa, estabeleceu o seguinte:

STF:[1] CONSTITUCIONAL. ADMINISTRATIVO. CONTROLE EXTERNO. AUDITORIA PELO TCU. RESPONSABILIDADE DE PROCURADOR DE AUTARQUIA POR EMISSÃO DE PARECER TÉCNICO-JURÍDICO DE NATUREZA OPINATIVA. SEGURANÇA DEFERIDA.

I. Repercussões da natureza jurídico-administrativa do parecer jurídico: (i) quando a consulta é facultativa, a autoridade não se vincula ao parecer proferido, sendo que seu poder de decisão não se altera pela manifestação do órgão consultivo; (ii) quando a consulta é obrigatória, a autoridade administrativa se vincula a emitir o ato tal como submetido à consultoria, com parecer favorável ou contrário, e se pretender praticar ato de forma diversa da apresentada à consultoria, deverá submetê-lo a novo parecer; (iii) quando a lei estabelece a obrigação de decidir à luz de parecer vinculante, essa manifestação de teor jurídica deixa de ser

---

[1] SUPREMO Tribunal Federal. Mandado de Segurança nº 24.631, Rel. Min. Joaquim Barbosa. *Diário de Justiça Eletrônico*, Brasília, 1º fev. 2008.

meramente opinativa e o administrador não poderá decidir senão nos termos da conclusão do parecer ou, então, não decidir. II. No caso de que cuidam os autos, o parecer emitido pelo impetrante não tinha caráter vinculante. Sua aprovação pelo superior hierárquico não desvirtua sua natureza opinativa, nem o torna parte de ato administrativo posterior do qual possa eventualmente decorrer dano ao erário, mas apenas incorpora sua fundamentação ao ato. III. Controle externo: É lícito concluir que é abusiva a responsabilização do parecerista à luz de uma alargada relação de causalidade entre seu parecer e o ato administrativo do qual tenha resultado dano ao erário. Salvo demonstração de culpa ou erro grosseiro, submetida às instâncias administrativo-disciplinares ou jurisdicionais próprias, não cabe a responsabilização do advogado público pelo conteúdo de seu parecer de natureza meramente opinativa. Mandado de segurança deferido.

Este entendimento é consagrado pelo Supremo Tribunal Federal há longa data, e tem como decisão paradigma de igual vulto o Acórdão que julgou o emblemático Mandado de Segurança nº 24.073:

STF:[2] CONSTITUCIONAL. ADMINISTRATIVO. TRIBUNAL DE CONTAS. TOMADA DE CONTAS: ADVOGADO. PROCURADOR: PARECER.

C.F., art. 70, parág. único, art. 71, II, art. 133. Lei nº 8.906, de 1994, art. 2º, §3º, art. 7º, art. 32, art. 34, IX. I.

- Advogado de empresa estatal que, chamado a opinar, oferece parecer sugerindo contratação direta, sem licitação, mediante interpretação da lei das licitações. Pretensão do Tribunal de Contas da União em responsabilizar o advogado solidariamente com o administrador que decidiu pela contratação direta: impossibilidade, dado que o parecer não é ato administrativo, sendo, quando muito, ato de administração consultiva, que visa a informar, elucidar, sugerir providências administrativas a serem estabelecidas nos atos de administração ativa. Celso Antônio Bandeira de Mello, "Curso de Direito Administrativo", Malheiros Ed., 13ª ed., p. 377. II.

- O advogado somente será civilmente responsável pelos danos causados a seus clientes ou a terceiros, se decorrentes de erro grave, inescusável, ou de ato ou omissão praticado com culpa, em sentido largo: Cód. Civil, art. 159; Lei 8.906/94, art. 32. III.

- Mandado de Segurança deferido.

---

[2] SUPREMO Tribunal Federal. Mandado de Segurança nº 24.073. Rel. Min. Carlos Velloso. *Diário de Justiça da União*, Brasília, p. 15, 31 out. 2003.

Esse entendimento já há muito é contemplado pela jurisprudência do Tribunal de Contas da União, no sentido em que determina a responsabilidade do parecerista tão somente "quando a lei exigir pronunciamento favorável de órgão consultivo",[3] ou seja, nos casos dos acima conceituados pareceres vinculantes:

TCU:[4] [...] quando a lei exigir pronunciamento favorável de órgão consultivo e, com base neste agir o administrador com grave infração à norma legal ou regulamentar, poderão ser solidariamente responsabilizados o agente que aprovou o parecer e o administrador, dependendo do exame de cada caso, que levará em consideração a fundamentação constante do parecer, com vistas a verificar se o mesmo está alicerçado em lições de doutrina ou jurisprudência e se defende tese aceitável, com base em interpretação razoável da lei; *e quando a lei exigir pronunciamento de órgão consultivo para validade do ato final do administrador, e nos demais casos em que o administrador solicita o pronunciamento do referido órgão — hipótese em que o parecer tem caráter meramente opinativo — e com base neste adota decisão com grave infração à norma legal ou regulamentar, este Tribunal poderá responsabilizar unicamente o administrador,* de acordo com o exame de cada caso, que levará em consideração a fundamentação constante do parecer, com vistas a verificar se o mesmo está alicerçado em lições de doutrina ou jurisprudência e se defende tese aceitável com base em interpretação razoável da lei.

Poder-se-ia, portanto, com base na jurisprudência consolidada do Supremo Tribunal Federal e do Tribunal de Contas da União, concluir que o entendimento amplamente aceito afasta a responsabilidade do parecerista nos casos de pareceres obrigatórios ("quando a lei exigir pronunciamento de órgão consultivo para validade do ato final do administrador")[5] ou facultativos ("e nos demais casos em que o administrador solicita o pronunciamento do referido órgão — hipótese em que o parecer tem caráter meramente opinativo"),[6] concluindo que, nestes casos, "este Tribunal poderá responsabilizar unicamente o administrador".[7]

---

3 TRIBUNAL de Contas da União. Decisão em Representação nº 289/1996. Rel. Min. José Antonio Barreto de Macedo. *Diário Oficial da União*, Brasília, 17 jun. 1996.

4 TRIBUNAL de Contas da União. Decisão em Representação nº 289/1996. Rel. Min. José Antonio Barreto de Macedo. *Diário Oficial da União*, Brasília, 17 jun. 1996.

5 TRIBUNAL de Contas da União. Decisão em Representação nº 289/1996. Rel. Min. José Antonio Barreto de Macedo. *Diário Oficial da União*, Brasília, 17 jun. 1996.

6 TRIBUNAL de Contas da União. Decisão em Representação nº 289/1996. Rel. Min. José Antonio Barreto de Macedo. *Diário Oficial da União*, Brasília, 17 jun. 1996.

7 TRIBUNAL de Contas da União. Decisão em Representação nº 289/1996. Rel. Min. José Antonio Barreto de Macedo. *Diário Oficial da União*, Brasília, 17 jun. 1996.

106 | LUIZ HENRIQUE SORMANI BARBUGIANI (COORD.)
PRERROGATIVAS DA ADVOCACIA PÚBLICA – DIREITOS NÃO SÃO BENEFÍCIOS, MAS INSTRUMENTOS DA DEMOCRACIA...

A responsabilidade solidária do parecerista em relação ao ato do gestor só se caracterizaria quando da emissão de parecer vinculante, ou seja, "quando a lei exigir pronunciamento favorável de órgão consultivo".[8]

Tal interpretação da Decisão TCU nº 289/1996 – 2ª Câmara é amplamente esposada pela literatura, como destacado por Figueiredo:

> [...] a obrigatoriedade ou não da consulta tem alcance direto quanto à fixação da natureza do parecer, ou seja, a consulta é considerada facultativa quando a autoridade não se vincula à consulta emitida; obrigatória, quando a autoridade fica obrigada a realizar o ato tal como submetido à consultoria, com parecer favorável ou não, podendo agir de forma diversa após emissão de novo parecer; e ainda vinculante quando a lei estabelece a obrigação de "decidir à luz de parecer vinculante" [...] no primeiro caso, em se tratando de parecer meramente consultivo e não vinculante, conforme decidiu recentemente o eminente Ministro Joaquim Barbosa no MS 24631/07, não cabe a responsabilização do advogado público pelo conteúdo de seu parecer meramente opinativo, a não ser que haja demonstração de culpa ou erro grosseiro.
>
> *Essa mesma orientação jurídica tem sido adotada pelo Egrégio Tribunal de Contas da União, como é o caso da Decisão TCU nº 289/1996* 2ª Câmara praticamente endossando a tese encampada pela Professora Maria Sylvia Zanello de Pietro, retro citada, quanto aos pareceres consultivos ou opinativos, que serão examinados caso a caso, deixando de responsabilizar o autor do parecer levando em consideração a 'fundamentação constante do parecer, com vistas a verificar se o mesmo está alicerçado em lições de doutrina ou jurisprudência e se defende tese aceitável com base em interpretação razoável da lei'.[9]

Estabelecidas tais premissas, nas quais podemos delimitar três modalidades ou categorias de pareceres jurídicos, cabe-nos voltar a atenção à caracterização dos pareceres jurídicos exarados em licitações em relação às categorias propostas.

Nesse cenário, verifica-se que os pareceres jurídicos em licitações não se revestem da natureza vinculativa, visto que são ora facultativos – solicitados livremente pela autoridade –, ora obrigatórios – de emissão determinada por lei –, mas nem no primeiro e nem no segundo casos está o gestor adstrito ao posicionamento jurídico neles esposado.

---

[8] TRIBUNAL de Contas da União. Decisão em Representação nº 289/1996. Rel. Min. José Antonio Barreto de Macedo. *Diário Oficial da União*, Brasília, 17 jun. 1996.

[9] FIGUEIREDO, Nelson. *Responsabilidade dos Procuradores e Assessores Jurídicos da Administração Pública*. Goiânia: [s. n.], 2009. p. 22-23.

É que em nenhum momento a legislação acerca das licitações – em linhas gerais, as Leis nºs 8.666/1993 e 10.520/2002 – exige "pronunciamento favorável de órgão consultivo". A Lei nº 10.520/2002 sequer cita a participação da assessoria jurídica no procedimento. Já a Lei nº 8.666/1993, por sua vez, em seu art. 38, inciso VI e parágrafo único, cita que serão juntados aos autos da licitação os "pareceres técnicos ou jurídicos emitidos sobre a licitação, dispensa ou inexigibilidade", determinando apenas a submissão específica das minutas de editais e contratos à assessoria jurídica. Como entende Marçal Justen Filho: "Os pareceres técnicos e jurídicos são manifestações de terceiros, não integrantes da comissão de licitação, pertencentes ou não à Administração Pública. Esses pareceres serão fornecidos facultativamente, tendo em vista as circunstâncias de cada caso."[10]

Assim, no procedimento comumente adotado para o processo administrativo licitatório, em que são exarados um parecer inicial sobre a modalidade a ser adotada, um parecer aprovando as minutas de edital e contrato, eventualmente pareceres acerca de impugnações ao edital e recursos, e um parecer final prévio à homologação do processo, apenas o parecer que aprova as minutas de edital e contrato é obrigatório – visto que é exigido pelo art. 38, parágrafo único, da Lei nº 8.666/1993 –, sendo todos os outros pareceres facultativos. Nenhum deles é caracterizado como parecer vinculante, já que o gestor sempre poderá decidir diferentemente ou até solicitar a lavratura de novo parecer.

Nesse entendimento, a literatura é uníssona em expor a natureza não vinculante mesmo do parecer sobre minutas, apesar de obrigatória, como bem sintetizado por Balestra Neto:

> O parecer obrigatório, por sua vez, é aquele que a lei exige no procedimento administrativo. As minutas de editais de licitação, por exemplo, devem ser previamente 'examinadas e aprovadas por assessoria jurídica da Administração'. É um exemplo típico de parecer obrigatório. Aqui, a posição do STF é clara no sentido que o administrador tem liberdade para emitir o ato ainda que com parecer contrário da sua consultoria jurídica. Não poderá, porém, modificar o ato na forma em que foi submetido à análise jurídica, exceto se pedir novo parecer. Destarte, é razoável sustentar que o parecerista não divide a responsabilidade do ato com o administrador.[11]

---

[10] JUSTEN FILHO, Marçal. *Comentários à lei de licitações e contratos administrativos*. Dialética: São Paulo, 2005. p. 377.

[11] BALESTRA NETO, Otávio. *Responsabilidade do advogado público no exercício da função consultiva*. Goiânia: ALGO, 2008.

108 | LUIZ HENRIQUE SORMANI BARBUGIANI (COORD.)
PRERROGATIVAS DA ADVOCACIA PÚBLICA – DIREITOS NÃO SÃO BENEFÍCIOS, MAS INSTRUMENTOS DA DEMOCRACIA...

Este posicionamento é corroborado por Marçal Justen Filho em seu *Comentários*:

> O parágrafo único determina a obrigatoriedade da prévia análise pela assessoria jurídica das minutas de editais e de contratos (ou de instrumentos similares).
> [...] Como a quase totalidade das formalidades, a aprovação pela assessoria jurídica não se trata de formalidade que se exaure em si mesma. Se o edital e as minutas de contratação forem perfeitos e não possuírem irregularidades, seria um despropósito supor que a ausência de prévia aprovação da assessoria jurídica seria suficiente para invalidar a licitação. *Portanto, o essencial é a regularidade dos atos, não a aprovação da assessoria jurídica*. Com isso, afirma-se que a ausência de observância do disposto no parágrafo único não é causa autônoma de invalidade da licitação.[12]

Na verdade, não há em matéria licitatória parecer vinculante em qualquer diploma pátrio, e a própria figura do parecer vinculante em qualquer área do direito administrativo é raríssima no Brasil – a ponto de alguns autores a considerarem inexistente, como sustenta Maria Sylvia Zanella Di Pietro:[13] "[...] dizer que a autoridade pede um parecer e é obrigada a curvar-se àquele parecer, eu confesso que não conheço exemplos aqui no Direito brasileiro."

Assim, conclui-se que os pareceres dos advogados públicos acerca das minutas de editais e contratos são de natureza obrigatória – mas não vinculante –, enquanto todos os demais pareceres jurídicos juntados à licitação são facultativos. Nesse sentido, nenhum dos pareceres exarados em licitações – com a exceção de expressa previsão em norma específica em contrário – implicará a responsabilização solidária do advogado público em relação ao gestor.

2 Da ausência de poder decisório do advogado público

Como analisado no tópico anterior, a jurisprudência e a doutrina brasileiras estabelecem, com certo grau de segurança, que os pareceres jurídicos em licitações não geram a responsabilidade solidária

---

[12] JUSTEN FILHO, Marçal. *Comentários à lei de licitações e contratos administrativos*. São Paulo: Dialética, 2005. p. 378.

[13] DI PIETRO, Maria Sylvia. Responsabilidade dos procuradores e assessores jurídicos da Administração Pública. *Boletim de Direito Administrativo*, São Paulo, p. 6, jan. 2008.

do advogado público parecerista pelo desfecho regular ou não do procedimento licitatório. Mas quais seriam as razões para que o exercício de função de tamanha importância não gere a responsabilização no mesmo grau dos gestores públicos?

A natureza consultiva da atividade do procurador requerido é sobremaneira destacada ao observarmos que em nenhum momento, seja no procedimento licitatório, seja no cumprimento do contrato, lhe é conferido poder decisório. Da lição de Hely Lopes Meirelles:

> Pareceres administrativos são manifestações de órgãos técnicos sobre assuntos submetidos a sua consideração. O parecer tem caráter meramente opinativo, não vinculando a Administração ou os particulares a sua motivação ou conclusões, salvo se aprovado por ato subseqüente. Já então, o que subsiste como ato administrativo, não é o parecer, mas sim o ato de sua aprovação, que poderá revestir a modalidade normativa, ordinária, negocial ou punitiva.[14]

O parecerista, como ensina a lição de Celso Antônio Bandeira de Mello, não pratica ato administrativo, "sendo, quando muito, ato de administração consultiva, que visa a informar, elucidar, sugerir providências administrativas a serem estabelecidas nos atos de administração ativa."[15]

Impor a responsabilidade pela frustração de um certame a um agente que não tem o poder de decidir o destino do ato administrativo complexo que é a licitação seria instituir a responsabilização objetiva do servidor pelo simples fato de ser servidor público, uma digressão perigosa, que, como bem salientado no julgamento do Mandado de Segurança nº 24.073/DF pelo Supremo Tribunal Federal, gera os mais profundos temores entre os operadores do Direito.

Nesse sentido, faz-se instrumental a análise das atribuições do advogado público em relação à Administração Pública, vez que o procurador não possui função fiscalizatória, mas tão somente representativa e consultiva.

Ocorre que, seja por expressa dicção constitucional, seja por absoluta impropriedade prática, à advocacia pública cabe a representação judicial e a consultoria jurídica do Estado. É o que dispõe a

---

[14] MEIRELLES, Hely Lopes. *Direito Administrativo Brasileiro*. São Paulo: Malheiros, 2003. p. 185.

[15] BANDEIRA DE MELLO, Celso Antônio. *Curso de Direito Administrativo*. São Paulo: Malheiros, 2001. p. 377.

Constituição Federal, ao disciplinar a Advocacia Pública da União e dos Estados o que, por analogia, aplica-se também à Advocacia Pública dos Municípios:

> Art. 131. A Advocacia-Geral da União é a instituição que, diretamente ou através de órgão vinculado, *representa a União, judicial e extrajudicialmente,* cabendo-lhe, nos termos da lei complementar que dispuser sobre sua organização e funcionamento, *as atividades de consultoria e assessoramento jurídico do Poder Executivo.*
> Art. 132. Os Procuradores dos Estados e do Distrito Federal, organizados em carreira, na qual o ingresso dependerá de concurso público de provas e títulos, com a participação da Ordem dos Advogados do Brasil em todas as suas fases, *exercerão a representação judicial e a consultoria jurídica* das respectivas unidades federadas.

Inarredável é a conclusão de que o advogado público é incumbido da representação judicial e da consultoria jurídica do Estado. Não há óbice, portanto, ao fato de que a atividade fiscalizatória não integra as competências da advocacia pública, sendo que a fiscalização em si é atribuída aos órgãos específicos de controle, internos ou externos.

A ausência de atribuição fiscalizatória da advocacia pública traz importantíssimas implicações à análise da responsabilidade do procurador sobre o resultado do certame licitatório.

É que, por não ser fiscal, mas sim consultor, o parecerista deve manifestar-se tomando por válidas e verdadeiras as informações trazidas ao processo administrativo licitatório. Assim, o procurador não teria a obrigação, sequer a legitimidade, para investigar a corretude ou não das informações trazidas e conclusões adotadas no processo.

Neste sentido se posiciona Marçal Justen Filho:

> Se a decisão administrativa for entranhada de defeito desconhecido do agente que forneceu o parecer, não há cabimento em sua responsabilização. Tanto mais por ser inadmissível impor uma espécie de 'responsabilidade política' ao sujeito que desempenha função de assessoramento, sancionando-o apenas em virtude da consumação de um resultado incompatível com valores protegidos pelo Direito. [...]
> Enfim, é essencial preservar a autonomia da função de assessoramento jurídico ou técnico.[16]

---

[16] JUSTEN FILHO, Marçal. *Comentários à lei de licitações e contratos administrativos.* São Paulo: Dialética, 2005. p. 378-380.

Ainda mais contundentes são os argumentos adotados pelo Supremo Tribunal Federal no julgamento do Mandado de Segurança nº 24.073/DF:

> STF:[17] CONSTITUCIONAL. ADMINISTRATIVO. TRIBUNAL DE CONTAS. TOMADA DE CONTAS: ADVOGADO. PROCURADOR: PARECER. [...] Se a empresa estatal, por seu órgão competente, presta ao Serviço Jurídico uma determinada informação técnica dotada de verossimilhança – por exemplo, a de que só uma determinada consultoria atende às circunstâncias presentes da empresa, sendo inviável a competição –, não têm os advogados o dever, os meios ou sequer a legitimidade de deflagarem investigação para aferir o acerto, a conveniência e a oportunidade de tal decisão. [...]

Pode-se adotar como razoável, portanto, que

> [...] os assessores jurídicos, na elaboração do parecer para a Administração Pública, não tem o dever ou legitimidade para averiguar se as informações fornecidas por esta são verossímeis ou não. No processo licitatório, o parecer deverá ser baseado nas informações fornecidas pela Administração Pública e estas informações serão consideradas pelo parecerista como corretas.[18]

Essas disposições calcam-se sobremaneira no princípio da inviolabilidade do advogado no exercício da profissão – incidente no caso tendo em vista ser a consultoria jurídica atividade típica da advocacia –, consubstanciado no art. 133 da Constituição Federal e no art. 2º, *caput* e parágrafos, da Lei nº 8.906/1994.

A inviolabilidade do advogado público em suas manifestações, especialmente no tocante aos pareceres jurídicos em licitações, é posicionamento consolidado do Superior Tribunal de Justiça em seus julgados:

> STJ:[19] PENAL E PROCESSUAL. HABEAS CORPUS. TRANCAMENTO DA AÇÃO PENAL. INEXIGIBILIDADE DE LICITAÇÃO. DILAÇÃO PROBATÓRIA. ATIPICIDADE. JUSTA CAUSA. AUSÊNCIA.

---

[17] SUPREMO Tribunal Federal. Mandado de Segurança nº 24.073. Rel. Min. Carlos Velloso. *Diário de Justiça da União*, Brasília, p. 15, 31 out. 2003.

[18] MELO, Verônica Vaz de. A responsabilidade dos assessores jurídicos na elaboração de pareceres para a Administração Pública em atividades licitatórias mal sucedidas. *Jus Navigandi*, Teresina, ano 15, n. 2.536, 11 jun. 2010.

[19] SUPERIOR Tribunal de Justiça. Hábeas Corpus 40.234/MT. Rel. Min. Paulo Medina. *Diário de Justiça da União*, Brasília, p. 385, 24 out. 2005.

O habeas corpus, marcado por cognição sumária e rito célere, não comporta o exame da alegada inexigibilidade de licitação, que, para seu deslinde, demanda aprofundado exame do conjunto fático-probatório dos autos, posto que tal proceder é peculiar ao processo de conhecimento.

O advogado é inviolável em suas manifestações exaradas no exercício da sua profissão, nos termos do art. 133, da CF/88.

Habeas corpus parcialmente conhecido, e, nessa extensão, concedido para trancar, por falta justa causa, a ação penal originária nº 19.547/2002, em trâmite nas Câmaras Criminais Reunidas do Tribunal de Justiça do Estado de Mato Grosso.

Conclui-se, portanto, que as atribuições da advocacia pública não alcançam a fiscalização, mas tão somente a representação judicial e a consultoria jurídica do Estado, não havendo o dever, ou sequer a legitimidade, de o parecerista investigar a corretude, validade, conveniência ou oportunidade das informações que lhe são apresentadas no procedimento licitatório, sendo sua incumbência emitir parecer admitindo-as como verdadeiras.

3 A questão da responsabilidade por dolo ou erro grave

Como até aqui exposto, os pareceres jurídicos exarados por advogados públicos nos procedimentos licitatórios se caracterizam ora como pareceres facultativos, ora como pareceres obrigatórios, mas nunca como pareceres vinculantes. Nesse sentido, tendo em vista a ausência de poder decisório ou de função de fiscalização do advogado público, não se constitui a sua responsabilidade solidária em relação aos atos praticados por outros agentes na licitação.

Não se sustenta, no entanto, a absoluta impunidade do advogado público quando da emissão de parecer infundado, aberrante ao Direito, pelo simples motivo de ser aquele pronunciamento um parecer facultativo ou obrigatório.

Nesse sentido, já decidiu o Supremo Tribunal Federal que, "salvo demonstração de culpa ou erro grosseiro, submetida às instâncias administrativo-disciplinares ou jurisdicionais próprias, não cabe a responsabilização do advogado público pelo conteúdo de seu parecer".[20] É dizer: "O advogado somente será civilmente responsável pelos danos causados a seus clientes ou a terceiros, se decorrentes de

---

[20] SUPREMO Tribunal Federal. Mandado de Segurança nº 24.631, Rel. Min. Joaquim Barbosa. *Diário de Justiça Eletrônico*, Brasília, 1º fev. 2008.

erro grave, inescusável, ou de ato ou omissão praticado com culpa, em sentido largo".[21]

Esses elementos nos trazem uma importante questão, que é central para a apuração da responsabilidade do advogado público por seus pareceres em licitações: como se caracteriza o erro grave, inescusável, aberrante ao Direito? Como se determina se um posicionamento jurídico é correto ou não?

O voto do Ministro Nelson Jobim no julgamento do Mandado de Segurança nº 24.073 bem traduz a preocupação do Supremo Tribunal Federal com que seja instituída uma cultura maniqueísta em relação aos posicionamentos jurídicos, em que são punidos com responsabilização os operadores do Direito que divirjam do posicionamento dos órgãos de controle:

> STF:[22] [...] só faltava o Tribunal de Contas também envolver os eventuais doutrinadores que embasaram o parecer dos advogados. E isso está perto. No momento em que se fala de "doutrina pertinente", a impertinente pratica o ato de improbidade.
>
> [...] Só lembraria, na linha das observações do Ministro Gilmar Mendes, que, no Rio de Janeiro, um determinado juiz de Direito está respondendo a uma investigação no Ministério Público em relação à improbidade administrativa. Por questões de Direito, em algum momento do tempo, havia sido membro de um dos conselhos do Botafogo e, em certas ações envolvendo o time, ele não se deu por impedido. Por isso, membros do Ministério Público entenderam que ele havia praticado improbidade administrativa. O caso específico mostra claramente o exagero da visão, quase de pensamento único, pretendida pelo Tribunal de Contas quanto às questões jurídicas. Divergir dessa Corte é ter responsabilidades, em termos, inclusive, de análise de questões jurídicas, aplicadas em questões técnicas, podendo atingir até contadores, técnicos de contabilidade, economistas etc.

Contundente ainda o posicionamento do Ministro Maurício Corrêa:

> STF:[23] No Inquérito 1674, julgado no Pleno em 06.09.01 [...], reconhecemos a imunidade material do Advogado Geral da União no exercício de sua

---

21 SUPREMO Tribunal Federal. Mandado de Segurança nº 24.073. Rel. Min. Carlos Velloso. *Diário de Justiça da União*, Brasília, p. 15, 31 out. 2003.

22 SUPREMO Tribunal Federal. Mandado de Segurança nº 24.073. Voto do Ministro Nelson Jobim. *Diário de Justiça da União*, Brasília, p. 15, 31 out. 2003.

23 SUPREMO Tribunal Federal. Mandado de Segurança nº 24.073. Voto do Ministro Maurício Corrêa. *Diário de Justiça da União*, Brasília, p. 15, 31 out. 2003.

função. Ora, o parecerista de uma empresa de economia mista como Banco do Brasil, ao emitir um aconselhamento de como proceder-se diante da necessidade ou não de licitação, deve submeter-se ao controle fiscal do Tribunal de Contas? Claro que não.

Concluiu a votação, consolidando a unanimidade, o Ministro Sepúlveda Pertence:

> STF:[24] [...] também acolho o problema da imunidade do advogado. Os votos precedentes manifestaram, a propósito do caso, um certo temor do Ministério Público. Por ora, temo por este, porque, se pega a moda, o Ministério Público, emissor de algumas centenas de pareceres diários, vai pagar por todas as culpas que tem e não tem.

O julgamento do Mandado de Segurança nº 24.073/DF pelo Supremo Tribunal Federal refletiu-se, como era de se esperar, na atuação do Tribunal de Contas da União, o que culminou na emissão do Acórdão nº 462/2003 pelo Tribunal de Contas da União:

> TCU:[25] Na esfera da responsabilidade pela regularidade da gestão, é fundamental aquilatar a existência do liame ou nexo de causalidade existente entre os fundamentos de um parecer desarrazoado, omisso ou tendencioso, com grave erro, com implicações no controle das ações dos gestores da despesa pública que tenha concorrido para a concretização do dano ao Erário.
>
> Sempre que o parecer jurídico pugnar para o cometimento de ato danoso ao Erário ou com grave ofensa à ordem jurídica, figurando com relevância causal para a prática do ato, estará o autor do parecer alcançado pela jurisdição do TCU, não para fins de fiscalização do exercício profissional, mas para fins de fiscalização da atividade da Administração Pública.

A interpretação do julgado leva a concluir que, para a responsabilização do advogado público parecerista, é imprescindível a demonstração de que o parecer seja "desarrazoado, omisso ou tendencioso, com grave erro", além da obrigatória ligação entre os fundamentos do parecer e as "ações dos gestores da despesa pública que tenha concorrido para a concretização do dano ao Erário."

---

[24] SUPREMO Tribunal Federal. Mandado de Segurança nº 24.073. Voto do Ministro Sepúlveda Pertence. *Diário de Justiça da União*, Brasília, p. 15, 31 out. 2003.

[25] TRIBUNAL de Contas da União. Acórdãos nºs 462/2003 e 1.412/2003, Pleno.

IMUNIDADE PROFISSIONAL DO PROCURADOR E OS PARECERES NO PROCESSO ADMINISTRATIVO LICITATÓRIO

Exigir-se-ia, portanto, que o parecerista aja "com grave ofensa à ordem jurídica".

Esta ligação entre o entendimento esposado pelo STF no Mandado de Segurança nº 24.073/DF e os acórdãos nºs 462/2003 e 1.412/2003 do TCU é tornada explícita pela doutrina de Marçal Justen Filho:

> O tema foi trazido à tona especialmente em virtude de decisão do STF, proferida no Mandado de Segurança nº 24.073/DF, em cuja ementa se lê o seguinte:
>
> [...]
>
> No âmbito do TCU, a decisão do STF acabou gerando o entendimento consagrado no Acórdão nº 462/2003 – Plenário, relatado pelo Ministro Walton Alencar Rodrigues, no sentido de que [citado *ante*]
>
> Seguindo esta linha de entendimento, o TCU deixou de responsabilizar o signatário de parecer jurídico favorável a uma contratação posteriormente reputada viciada porque seu conteúdo não se configurava como 'desarrazoado, omisso ou tendencioso' (Acórdão nº 1.616/2003 – Plenário, rel. Min. Augusto Sherman Cavalcanti).[26]

O elemento mais importante, no entanto, é a conclusão de que, "[...] se há duas teses jurídicas igualmente defensáveis, a opção por uma delas não pode acarretar punição."[27]

Elucidativo o posicionamento de Maria Sylvia Zanella Di Pietro:

> [...] as leis, muitas vezes, admitem interpretações diversas; não se pode concluir, em grande parte dos casos, que um ato acarrete responsabilidade só porque a interpretação adotada pelo Tribunal de Contas é diferente daquela adotada pelo advogado que proferiu o parecer. Se o parecer está devidamente fundamentado, se defende tese aceitável, se está alicerçado em lição de doutrina e jurisprudência, não há como responsabilizar o advogado [...]. Em assunto tão delicado e tão complexo como a licitação e o contrato (principalmente diante de uma lei nova, não tão bem elaborada e sistematizada como seria desejável), a responsabilidade só pode ocorrer em casos de má-fé, dolo, culpa grave, erro grosseiro, por parte do advogado.[28]

---

26 JUSTEN FILHO, Marçal. *Comentários à lei de licitações e contratos administrativos*. São Paulo: Dialética, 2005. p. 379-380.

27 JUSTEN FILHO, Marçal. *Comentários à lei de licitações e contratos administrativos*. São Paulo: Dialética, 2005. p. 379-380.

28 DI PIETRO, Maria Sylvia Zanella. *Temas polêmicos sobre licitações e contratos*. São Paulo: Malheiros, 2001. p. 163.

No campo da apuração da qualidade jurídica do parecer, portanto, apesar da adoção de supostos critérios – como a caracterização do posicionamento como aberrante, gravado por culpa grave ou erro grosseiro –, não se pode concluir por haver um parâmetro seguro de avaliação.

Ora, na medida em que tratamos de argumentação jurídica – por natureza, não cartesiana –, como se pode dizer se um posicionamento está correto ou incorreto? Num cenário em que se encontram precedentes judiciais diametralmente opostos para boa parte das questões juridicamente analisadas, num ordenamento composto por normas muitas vezes contraditórias, é temerário afirmar que há um método seguro de avaliação da qualidade dos pareceres.

Como em diversas análises baseadas em modais deônticos, há uma zona de certeza positiva, em que fica evidente a qualidade e a adequação do parecer; há também uma zona de certeza negativa, em que se localizam os pareceres absolutamente desprovidos de fundamentação, ou que adotam posicionamento absolutamente indefensável. Mas, além desses dois casos, há um terceiro, marcado pela incerteza, uma zona cinzenta em que se localizam pareceres fundamentados, mas que não sejam aceitos unanimemente, ou em que haja dúvidas mesmo nos fundamentos encontráveis.

Arriscamos afirmar que boa parte, senão a maioria dos casos em que são emitidos pareceres, tratamos dessa zona de incerteza em que não há um posicionamento jurídico absolutamente seguro. Seria absolutamente irrazoável, pois, responsabilizar o advogado público nesse caso: a incerteza quanto ao posicionamento mais ou menos adequado deve se refletir na certeza da independência.

Conclusões

Este breve capítulo se dedicou a avaliar um dos aspectos da independência e imunidade funcionais, elementos centrais das prerrogativas da advocacia pública. Pudemos, com certo grau de certeza, sustentar que a literatura e os precedentes construíram um entendimento de que os pareceres jurídicos exarados por advogados públicos em licitações revestem-se de natureza não vinculante e, portanto, não se constituiria responsabilidade solidária do parecerista em relação à conduta ou aos atos praticados por outros agentes públicos em tais procedimentos.

Essa imunidade, evidentemente, não geraria uma impunidade absoluta do advogado público por seus posicionamentos, quando o parecer seja aberrante ao Direito, marcado por dolo, culpa grave ou erro grosseiro – a imunidade é compatível, pois, com a responsabilidade funcional. A apreciação desses aspectos, no entanto, deve ser realizada *cum granum salis*, pois, sendo o Direito ciência social que é, falta-lhe um elemento de absoluta certeza sobre o correto e o errado, sendo perfeitamente possível a convivência igualmente válida de posicionamentos jurídicos diferentes.

Isso nos leva à questão citada na introdução ao capítulo e que agora retomamos: frente a esse cenário consideravelmente consolidado, o que levaria a julgados recentes flexibilizando tais garantias para uma perigosa ampliação da responsabilização dos advogados públicos em seus pareceres?

Posicionamentos como o adotado no recentíssimo Acórdão nº 825/2014-Plenário do Tribunal de Contas da União – sustentando que "o parecerista jurídico pode ser responsabilizado solidariamente com gestores por irregularidades na aplicação de recursos públicos", pois "o parecer jurídico integra e motiva a decisão a ser adotada pelo ordenador de despesas" – revelam a necessidade de retomada das garantias conquistadas no tocante à autonomia e independência dos advogados públicos.

Aos poucos, o momento de reafirmação das garantias da advocacia pública culminado no julgamento do Mandado de Segurança nº 24.073 pelo Supremo Tribunal Federal fica mais e mais distante na história e, perigosamente, seu precedente vem sendo esquecido.

Concluímos, portanto, com a afirmação de que, exceto nos casos de evidente dolo, apurado em procedimento próprio e comprovado por incontestes elementos, não cabe a responsabilização do advogado público pela frustração de procedimento licitatório em que tenha emitido parecer. Com tal entendimento muitos podem concordar ou discordar, mas nunca uma outra opinião será suficiente a derrogar absolutamente o posicionamento aqui exposto.

Pois, assim como nos pareceres, aqui também nós podemos estar corretos, ou não. Quem pode dizer?

Referências

BALESTRA NETO, Otávio. *Responsabilidade do advogado público no exercício da função consultiva.* Goiânia: ALGO, 2008.

BANDEIRA DE MELLO, Celso Antônio. *Curso de Direito Administrativo.* São Paulo: Malheiros, 2001.

DI PIETRO, Maria Sylvia Zanella. *Temas polêmicos sobre licitações e contratos*. São Paulo: Malheiros, 2001.

DI PIETRO, Maria Sylvia. Responsabilidade dos procuradores e assessores jurídicos da Administração Pública. *Boletim de Direito Administrativo*, São Paulo, p. 6, jan. 2008.

FIGUEIREDO, Nelson. *Responsabilidade dos Procuradores e Assessores Jurídicos da Administração Pública*. Goiânia: [s. n.], 2009.

JUSTEN FILHO, Marçal. *Comentários à lei de licitações e contratos administrativos*. São Paulo: Dialética, 2005.

MEDAUAR, Odete. *Direito Administrativo Moderno*. São Paulo: Revista dos Tribunais, 2014.

MEIRELLES, Hely Lopes. *Direito Administrativo Brasileiro*. São Paulo: Malheiros, 2003.

MELO, Verônica Vaz de. A responsabilidade dos assessores jurídicos na elaboração de pareceres para a Administração Pública em atividades licitatórias mal sucedidas. *Jus Navigandi*, Teresina, ano 15, n. 2.536, 11 jun. 2010.

SUPERIOR Tribunal de Justiça. Habeas Corpus 40.234/MT. Rel. Min. Paulo Medina. *Diário de Justiça da União*, Brasília, p. 385, 24 out. 2005.

SUPREMO Tribunal Federal. Mandado de Segurança nº 24.073. Rel. Min. Carlos Velloso. *Diário de Justiça da União*, Brasília, p. 15, 31 out. 2003.

SUPREMO Tribunal Federal. Mandado de Segurança nº 24.631, Rel. Min. Joaquim Barbosa. *Diário de Justiça Eletrônico*, Brasília, 1º fev. 2008.

TRIBUNAL de Contas da União. Decisão em Representação nº 289/1996. Rel. Min. José Antonio Barreto de Macedo. *Diário Oficial da União*, Brasília, 17 jun. 1996.

Informação bibliográfica deste texto, conforme a NBR 6023:2002 da Associação Brasileira de Normas Técnicas (ABNT):

SANTOS, Bruno Grego. Imunidade profissional do procurador e os pareceres no processo administrativo licitatório. *In*: BARBUGIANI, Luiz Henrique Sormani (Coord.). *Prerrogativas da advocacia pública*: direitos não são benefícios, mas instrumentos da democracia para uma atuação eficiente e ética no trato da coisa pública. Belo Horizonte: Fórum, 2016. p. 101-118 ISBN 978-85-450-0142-3.

A TUTELA CAUTELAR FISCAL COMO PRERROGATIVA DA FAZENDA PÚBLICA E INSTRUMENTO DE JUSTIÇA TRIBUTÁRIA

EDUARDO MOREIRA LIMA RODRIGUES DE CASTRO

1 Introdução

A produção doutrinária nacional, quando trata do sistema constitucional tributário, dedica-se quase exclusivamente à função normativa de proteção do cidadão contra eventuais abusos cometidos pelas autoridades fiscais. Pouco se fala, no entanto, da necessidade de proteção dos contribuintes contra os abusos cometidos pelos demais contribuintes.

Ocorre que o sistema tributário pensado pelo constituinte originário simplesmente não alcança o equilíbrio desejado se apenas se impedir que, por exemplo, o Estado cobre impostos por meio de instrumento infralegal, ou que as alíquotas aplicadas sejam confiscatórias. É preciso, para que se possa construir uma sociedade livre, justa e solidária, que os detentores de capacidade contributiva efetivamente paguem a exação fixada em lei.

Mais do que isso, é indispensável que o próprio ordenamento jurídico dote a Fazenda Pública dos instrumentos hábeis à efetivação do "dever fundamental de pagar impostos".[1]

---

[1] José Casalta Nabais define os deveres fundamentais como "deveres jurídicos do homem e do cidadão que, por determinarem a posição fundamental do indivíduo, têm especial significado para a comunidade e podem por esta ser exigidos. Uma noção que, decomposta com base num certo paralelismo com o conceito de direitos fundamentais, nos apresenta os deveres fundamentais como posições jurídicas passivas, autónomas, subjectivas, individuais, universais e permanentes e essenciais" (NABAIS, José Casalta. *O dever fundamental de pagar impostos*. Coimbra: Almedina, 2004. p. 64).

LUIZ HENRIQUE SORMANI BARBUGIANI (COORD.)

Nesse sentido, pondera o mestre português Saldanha Sanches que o "esquecimento do facto de que o cumprimento efetivo da lei fiscal constitui também uma importante garantia do contribuinte, uma vez que é a condição fáctica para uma correta distribuição dos encargos tributários, constitui uma fonte de injustiça fiscal."[2]

É com base nessas premissas que a tutela cautelar fiscal precisa ser estudada, ou seja, como *uma das mais eficazes e relevantes prerrogativas da Fazenda Pública* relacionadas à obtenção da tão almejada justiça fiscal.

Nas páginas seguintes, discorreremos sobre a tutela cautelar fiscal à luz da teoria geral da tutela cautelar, dando especial atenção à "interpretação constitucional" das normas constantes da Lei nº 8.397/92 – Lei de Ação Cautelar Fiscal.

2 Teoria geral da tutela cautelar

Busca-se, com a tutela cautelar,[3] assegurar a utilidade, ou o resultado prático, de uma outra tutela, seja ela de natureza cognitiva ou executiva. Não por outro motivo, doutrina mais autorizada costuma afirmar que "A tutela cautelar não tem um fim em si mesma, pois serve a uma outra tutela (cognitiva ou executiva), de modo a garantir-lhe efetividade".[4] Trata-se, portanto, de instrumento de concretização do princípio processual da efetividade da jurisdição, positivado no art. 5º, XXXV, da Constituição de 1988.[5] A título de exemplo, para ficarmos na seara tributária, podemos pensar na enorme utilidade prática do pedido cautelar de suspensão da exigibilidade do crédito tributário formulado no corpo de uma ação anulatória de lançamento fiscal por empresa que precise de certidão negativa de débitos para participar de licitação.

---

[2] SANCHES, J. L. Saldanha. *Justiça Fiscal*. Lisboa: Fundação Francisco Manoel dos Santos, 2010. p. 47.

[3] Ao longo das próximas páginas, utilizaremos, sempre que possível, a expressão "tutela cautelar", em detrimento de "ação cautelar" ou mesmo "processo cautelar". Em primeiro lugar, entendemos que a "ação" é uma só, entendida como direito subjetivo de qualquer cidadão – que se sinta lesado – romper a inércia da jurisdição em busca de um provimento. As condições da ação serão as mesmas, independentemente da natureza da tutela postulada. Em segundo lugar, também não entendemos correto diferenciar categorias processuais em virtude simplesmente da natureza da tutela; o processo será sempre sinônimo de "procedimento em contraditório" tendente à satisfação de um determinado direito material. Os pressupostos processuais, assim como as condições da ação, não são diferentes nos casos de pretensões de natureza cautelar.

[4] DIDIER Jr. Fredie; BRAGA, Paula Sarno; OLIVEIRA, Rafael. *Curso de direito processual civil* – teoria da prova, direito probatório, teoria do precedente, decisão judicial, coisa julgada e antecipação dos efeitos da tutela. 5. ed. rev. e atual. Salvador: JusPodivm, 2010. p. 452.

[5] "Art. 5º. [...] XXXV - a lei não excluirá da apreciação do Poder Judiciário lesão ou ameaça a direito".

As tutelas cautelares serão *inominadas* ou *atípicas* quando não tiverem disciplina específica na legislação processual, ou seja, quando forem amparadas no chamado *poder geral de cautela* do magistrado; serão, por outro lado, *típicas* ou *nominadas* quando tiverem seu rito procedimental expressamente regulado em lei. *Antecedente* ou *preparatória* é a tutela cautelar cujo pedido implica o início da atividade jurisdicional, diferentemente do que acontece com as *cautelares incidentais*, postuladas no curso de um "processo principal". Quanto ao objeto mediato, as cautelares podem ser *reais*, *pessoais* e *probatórias*, quando recaírem, respectivamente, sobre coisas, pessoas ou provas.

As disposições gerais acerca das tutelas cautelares estão situadas nos artigos 796 e seguintes do Código de Processo Civil e revelam as principais características que as distinguem dos demais tipos de provimentos jurisdicionais; são elas: a) instrumentalidade; b) provisoriedade; e c) inexistência de cognição exauriente.[6][7]

Diz-se que a tutela cautelar é *instrumental* justamente por atuar como escudo protetor de outro instrumento (processual). Sendo a generalidade das tutelas instrumento para efetivação do direito material, não nos parece forçoso afirmar que a tutela cautelar funciona como verdadeiro "instrumento ao quadrado". Numa ação de busca e apreensão, por exemplo, a proteção do direito material será apenas mediata, enquanto a proteção do plano processual será imediata.

Conforme lições de Marcelo Lima Guerra, a *provisoriedade* da tutela cautelar manifesta-se "na peculiaridade desta forma de tutela, de estar fadada, em razão da sua função específica (acessoriedade), a cessar os seus efeitos tão logo o resultado útil do processo, à garantia do qual a tutela foi prestada, seja produzido."[8] Em outros termos, conserva sua eficácia pelo tempo estritamente necessário à sua finalidade assecuratória.

O Código de Processo Civil, dispondo sobre a *provisoriedade*, estabelece, em primeiro lugar, caber à parte propor a ação, no prazo de 30 (trinta) dias, contados da data da efetivação da medida cautelar,

---

[6]   Em rigor, a tutela cautelar apresenta várias outras características, como preventividade, autonomia, modificabilidade e fungibilidade, contudo, para os fins a que nos propomos com o presente trabalho, entendemos suficiente a enumeração daquelas características que julgamos mais relevantes.

[7]   O Novo Código de Processo Civil (Lei nº 13.105, de 16 de março de 2015) não contém normas para tratar das chamadas cautelares específicas, muito embora disponha em capítulo próprio (Livro IV, Título II, Capítulo III) sobre o "Procedimento da tutela cautelar requerida em caráter antecedente".

[8]   GUERRA, Marcelo Lima. *Estudos sobre o processo cautelar*. São Paulo: Malheiros, 1995. p. 22.

quando esta for concedida em procedimento preparatório (CPC, art. 806). Em seguida, na mesma linha, preceitua que as medidas cautelares conservam sua eficácia tanto no referido prazo – de trinta dias – quanto no decorrer do processo principal (CPC, art. 807). Conforme jurisprudência dominante do Superior Tribunal de Justiça, o prazo em comento deve ser contado do efetivo *cumprimento da medida*, não da simples autorização judicial para seu cumprimento.[9]

Outra característica marcante da tutela de natureza cautelar é a *ausência de cognição exauriente*. Aqui, dada a natureza instrumental do pedido, o magistrado deverá decidir com base na *fumaça do bom direito* apresentada pelo demandante em juízo. Nas palavras de Cássio Scarpinella Bueno, "É inerente ao chamado 'processo cautelar' que o magistrado decida sem ânimo de definição, premido pelo tempo."[10]

Importante observar que o fato de a *cognição ser sumária* não significa que não exista decisão meritória no âmbito dos processos que veiculem pedidos cautelares. Há mérito no "processo cautelar". O que não existe, como ensina BUENO, "é cognição suficiente para que as decisões neles proferidas estabilizem-se...; não a inexistência de um julgamento significativo do acolhimento ou da rejeição de um pedido de prestação da tutela jurisdicional."[11] *Não há*, em outros termos, *coisa julgada material*, no processo cautelar, o que não implica possibilidade de aceitação de que uma tutela idêntica (com os mesmos pedido e causa de pedir) a outra anteriormente indeferida seja aceita, concomitante ou sucessivamente, pelo órgão julgador.

Nas razões meritórias de um pedido de natureza cautelar, o demandante deverá demonstrar a *fumaça do direito* (material) buscado na tutela principal, assim como o *perigo que a demora* para conhecimento daquela pretensão (principal) poderá causar à efetividade da jurisdição. Ao contrário do que tenta fazer crer parte da doutrina pátria, como se percebe, não estamos diante de novas condições da ação, ou novos pressupostos processuais, que permanecerão os mesmos independentemente da natureza da tutela pretendida. No caso de um *pedido liminar*, autorizado expressamente pela legislação processual

---

[9] STJ, REsp nº 869.712/SC, 4ª Turma, rel. Min. Raul Araújo, julgado em 28.02.12, *DJE*, 16 mar. 2012. Disponível em: <www.stj.jus.br>. Acesso em: 15 maio 2014.

[10] BUENO, Cássio Scarpinella. *Curso sistematizado de direito processual civil, vol. 04*: tutela antecipada, tutela cautelar, procedimentos cautelares específicos. 5. ed. rev. e atual. São Paulo: Saraiva, 2013. p. 161.

[11] BUENO, Cássio Scarpinella. *Curso sistematizado de direito processual civil, vol. 04*: tutela antecipada, tutela cautelar, procedimentos cautelares específicos. 5. ed. rev. e atual. São Paulo: Saraiva, 2013. p. 175.

(CPC, art. 804), o grau de cognição será ainda mais superficial. Leva-se em consideração, aqui, a premente necessidade de concessão da tutela.

O ordenamento jurídico pátrio admite o deferimento de tutelas cautelares ainda que a técnica jurisdicional de acautelamento postulada não esteja expressamente discriminada na legislação. Fala-se, aqui, em *poder geral de cautela*, derivado, assim como qualquer tutela cautelar, do princípio constitucional da *efetividade da tutela jurisdicional* (CFRB, art. 5º, XXXV).

Na verdade, como ensina doutrina mais autorizada, o poder geral de cautela "deve ser entendido como '*dever-poder*'",[12] na medida em que a proteção imediata da situação apresentada ao órgão jurisdicional é *impositiva*. Em outras palavras, não remanesce qualquer espaço de liberdade ou discricionariedade ao magistrado quando da apreciação de um pedido urgente, de natureza cautelar, ainda que referido pedido não tenha rito específico discriminado em lei.

A verdade é que a previsão desses ritos próprios para cada técnica acautelatória tem por objetivo fazer com que a prestação jurisdicional seja ainda mais efetiva.

O pedido de arresto, por exemplo, seria admitido em qualquer situação de evasão patrimonial por parte de devedor sem domicílio certo, mesmo que o Código de Processo Civil nada dispusesse a seu respeito. O mesmo aconteceria caso não fossem previstas legalmente as medidas de sequestro, caução e busca e apreensão.

Apresentadas as lições gerais acerca da tutela cautelar, falaremos adiante sobre as peculiaridades envolvendo o acautelamento do crédito tributário por parte da Fazenda Pública credora, em regra, realizado por meio das chamadas "medidas cautelares fiscais".

3 A tutela cautelar fiscal

3.1 Linhas gerais

A Lei nº 8.397, de 06 de janeiro de 1992, prevê rito específico para o acautelamento dos créditos da Fazenda Pública, sejam eles tributários ou não tributários. Trata-se – a medida cautelar fiscal –, portanto, de instrumento hábil a assegurar a utilidade e o resultado prático dos

---

[12] BUENO, Cássio Scarpinella. *Curso sistematizado de direito processual civil, vol. 04*: tutela antecipada, tutela cautelar, procedimentos cautelares específicos. 5. ed. rev. e atual. São Paulo: Saraiva, 2013. p. 181.

processos de execução fiscal e embargos à execução fiscal.[13] Não por outro motivo, James Marins classifica a "ação cautelar fiscal" como *ação exacional própria*, ou seja, ajuizada pela Fazenda Pública com vistas à cobrança de tributos (exacional) e processada mediante rito específico (própria).

A verdade é que *a tutela cautelar fiscal seria admitida ainda que não houvesse qualquer disposição legal no ordenamento jurídico para tratar do assunto*. Com base no supracitado poder-dever geral de cautela do juiz, derivado da inafastabilidade da jurisdição, poderiam ser deferidos quaisquer pedidos urgentes voltados a assegurar o resultado prático de uma execução fiscal, desde que demonstrados o perigo da demora, a fumaça do bom direito e a razoabilidade da medida pretendida.

Aplicam-se à tutela cautelar fiscal todas as lições apresentadas quando do estudo da teoria geral da tutela cautelar, respeitadas, obviamente, as peculiaridades relacionadas (a) ao procedimento específico previsto na Lei nº 8.397/92 – adequado a outras técnicas assecuratórias – e (b) à natureza do direito material discutido no "processo principal" (existência ou inexistência do crédito tributário).

Nesse sentido, admite-se o ajuizamento de pedido cautelar fiscal concomitantemente ao processo executivo fiscal (ação cautelar fiscal incidental) ou antes de seu ajuizamento (ação cautelar fiscal preparatória), contanto que, em regra, o crédito tributário já esteja constituído definitivamente (Lei nº 8.397/92, art. 1º).[14]

O Superior Tribunal de Justiça admite que uma só ação cautelar fiscal seja proposta para garantir a efetividade de diversos processos executivos fiscais, ainda que ajuizados em juízos distintos, o que faz amparado no poder-dever geral de cautela e na necessidade de efetividade da jurisdição.[15] A nosso sentir, não parece restar dúvida

---

[13] Hugo de Brito Machado Segundo, ao discorrer sobre a cautelar fiscal, não faz menção à garantia do resultado prático dos embargos à execução fiscal. Nas suas palavras, trata-se de "processo de natureza cautelar, utilizado pela Fazenda para ver assegurado o adimplemento de crédito tributário lançado, ou a efetividade da execução desse mesmo crédito, tornando indisponíveis os bens do sujeito passivo, de sorte a que este não possa utilizar de meios sub-receptícios para não adimplir o crédito da Fazenda Pública (pondo seus bens em nome de terceiros, contraindo dívidas fictícias etc.)" (MACHADO SEGUNDO, Hugo de Brito. *Processo tributário*. 6. ed. São Paulo: Atlas, 2012. p. 311).

[14] O requerimento de medida cautelar fiscal poderá ser levado a efeito antes mesmo da constituição definitiva do crédito tributário, nas hipóteses expressamente arroladas em lei (Lei nº 8.392/97, art. 1º, parágrafo único).

[15] Para que não restem dúvidas acerca do exposto, confira-se trecho da ementa do Recurso Especial nº 1190274, da relatoria do Ministro Benedito Gonçalves: "[...] É possível o ajuizamento de uma única medida cautelar fiscal para também assegurar créditos tributários cobrados em outras execuções fiscais distribuídas em juízos distintos. Isso porque a medida

de que se revela mais eficaz o ajuizamento de uma única ação cautelar para garantia de toda a dívida do que a propositura de uma ação para cada executivo fiscal já em andamento.

Nada impede, ademais, com base nos mesmos fundamentos apresentados no parágrafo anterior, que se postule tutela cautelar fiscal para garantir, simultaneamente, *créditos ajuizados e não ajuizados*. Em outros termos, entendemos possível a existência de *ação cautelar fiscal de natureza mista* – preparatória em relação a alguns créditos e incidental em relação a outros. O que não pode haver, de maneira alguma, é violação aos direitos fundamentais dos contribuintes e aos princípios constitucionais processuais.

Nos termos da Lei nº 8.397/92, a medida cautelar fiscal deve ser requerida ao juiz competente para o julgamento da execução judicial da dívida ativa (Lei nº 8.397/92, art. 5º). Na petição inicial, além dos requisitos constantes da legislação processual civil, o demandante deverá demonstrar – documentalmente – (a) alguma das hipóteses listadas no art. 2º da referida Lei nº 8.397/92, relacionadas ao perigo da demora, bem como (b) a prova literal da constituição do crédito (Lei nº 8.397/92, art. 3º, I e II). Os autos da cautelar fiscal deverão ser apensados aos do processo de execução judicial da Dívida Ativa da Fazenda Pública (Lei nº 8.397/92, art. 14).

O demandado, por sua vez, será citado para, no prazo de quinze dias, contestar o pedido, indicando as provas que pretenda produzir, aplicando-se a ele os efeitos da revelia caso não seja apresentada a defesa. Muito embora não haja previsão expressa, admite-se a abertura de prazo para oferecimento de réplica, caso o demandado alegue alguma das matérias discriminadas na legislação processual civil. Além disso, há previsão legal expressa de realização de audiência de

---

cautelar fiscal, como cediço, tem por escopo assegurar a utilidade do processo executivo mediante a decretação da indisponibilidade de bens dos requeridos. A efetividade dessa medida, por óbvio, exige rápida resposta do Poder Judiciário, sob pena de imprestabilidade do provimento almejado. [...] Assim, se o fisco consegue demonstrar perante qualquer um dos juízos que processam tais feitos executivos a satisfação dos requisitos exigidos pelo art. 3º da Lei 8.397/92, quais sejam, prova documental da constituição dos créditos tributários cobrados em todas as execuções e da concretização de uma das situações previstas no artigo 2º, tendentes a dificultar ou impedir a satisfação do crédito, pode o magistrado, pelo poder geral de cautela que lhe é conferido pelo art. 798 do CPC, com o escopo de evitar dano à Fazenda Pública, estender essa garantia à totalidade dos créditos tributários que lhe foram demonstrados, ainda que cobrados perante outro juízo. Pensar diferente, indubitavelmente, atentaria contra a efetividade da medida, pois a pretendida multiplicidade de cautelares possibilitaria aos envolvidos a dispersão do patrimônio. [...]" (STJ, REsp nº 1190274/SP, Rel. Ministro Benedito Gonçalves, Primeira Turma, julgado em 23.08.2011, *DJe*, 26 ago. 2011. Disponível em: <www.stj.jus.br>. Acesso em: 25 maio 2014).

instrução e julgamento caso esta se faça necessária (Lei nº 8.397/92, art. 9º, parágrafo único).

Será ré da ação cautelar fiscal a pessoa jurídica cujo débito – tributário ou não tributário – esteja constituído, dispondo a lei que a indisponibilidade de bens poderá recair, excepcionalmente, sobre os bens do acionista controlador e aos dos que em razão do contrato social ou estatuto tenham poderes para fazer a empresa cumprir suas obrigações fiscais ao tempo (a) do fato gerador, nos casos de lançamento de ofício, e (b) do inadimplemento da obrigação fiscal, nos demais casos (Lei nº 8.397/92, art. 4º, §1º).

Nos termos da jurisprudência do Superior Tribunal de Justiça, no entanto, o *sócio administrador só poderá integrar o polo passivo* da demanda *nas hipóteses elencadas no art. 135 do Código Tributário Nacional*, ou seja, em caso de obrigações tributárias resultantes de atos – dos mandatários e dos gestores – praticados com excesso de poderes ou infração de lei, contrato social ou estatuto.[16]

A Fazenda Pública interessada, no caso de medida cautelar preparatória anterior à constituição definitiva do crédito tributário, deverá propor a execução fiscal principal no prazo de 60 (sessenta dias), contados da data em que a exigência se tornar irrecorrível na esfera administrativa (Lei nº 8.397/92, art. 11). Nesse caso, a cautelar fiscal manterá sua eficácia não só durante o lapso temporal mencionado, mas durante todo o andamento do processo executivo fiscal principal (Lei nº 8.397/92, art. 12).

Além da hipótese mencionada acima, nos termos legais, cessa a eficácia da medida cautelar fiscal: a) se, por culpa do demandante, não for cumprida em trinta dias; b) se for julgada extinta a execução fiscal; e c) se o demandado levar a efeito a quitação do débito que está sendo executado (Lei nº 8.397/92, art. 13, II, III e IV).

Sobre o procedimento, mencionemos, por fim, que o indeferimento da medida não obsta a que o demandante ajuíze a execução fiscal, nem influi no julgamento desta, salvo se o Juiz, no procedimento cautelar fiscal, acolher alegação de pagamento, de compensação, de transação, de remissão, de prescrição ou decadência, de conversão do depósito em renda, ou qualquer outra modalidade de extinção da pretensão deduzida (Lei nº 8.397/92, art. 15).

---

[16] Entre outros, confira-se: STJ, REsp nº 1141977/SC, Rel. Ministro Benedito Gonçalves, Primeira Turma, julgado em 21.09.2010, *DJe*, 04 out. 2010. Disponível em: <www.stj.jus. br>. Acesso em: 30 maio 2014.

3.2 Mérito e técnica de efetivação da tutela cautelar fiscal

Conforme visto, o mérito de toda e qualquer tutela de natureza cautelar é integrado pela conjugação dos elementos fumaça do bom direito e perigo da demora; na tutela cautelar fiscal, não poderia ser diferente.

O *fumus boni iuris*, aqui, está relacionado à pretensão veiculada no processo executivo fiscal principal. Mais precisamente, para que este requisito seja cumprido, basta a *constituição do crédito* – tributário ou não tributário – a ser executado, uma vez que a dívida regularmente inscrita, nos moldes do art. 204 do Código Tributário Nacional, goza de presunção – relativa – de liquidez e certeza e tem o efeito de prova pré-constituída. Não por outro motivo, a Lei nº 8.397/92 estabelece que a prova literal da constituição do crédito fiscal é essencial à concessão da medida cautelar fiscal (art. 3º, I).

Importantíssimo salientar, conforme entendimento dominante no âmbito do Superior Tribunal de Justiça, que para o deferimento da cautelar fiscal não é necessária a *constituição definitiva* do crédito tributário, falando a legislação apenas em *constituição regular do crédito*. Nesse sentido, ter-se-á como constituído o crédito desde o momento da comunicação ao sujeito passivo do início do processo de lançamento ou mesmo da lavratura do auto de infração.[17]

Sobre o assunto, assim leciona José Delgado:

> Há entre os pressupostos enumerados um que é básico: a prova de constituição do crédito fiscal. O inciso I do art. 3º da Lei nº 8.397/92 não exige constituição definitiva do crédito fiscal; exige, apenas, que ele encontre-se constituído. Por crédito tributário constituído deve ser entendido aquele materializado pela via do lançamento. A respeito do momento em que o crédito tributário deve ser considerado para o devedor como constituído, há de ser lembrado que, por orientação jurisprudencial, este momento é fixado quando da lavratura do auto de infração comunicado ao contribuinte.[18]

A constituição do crédito, ainda que não definitiva, será desnecessária em apenas 2 casos, discriminados no art. 1º, parágrafo único,

---

[17] STJ, REsp nº 466.723/RS, Rel. Ministra Denise Arruda, Primeira Turma, julgado em 06.06.2006, *DJE*, 22 jun. 2006. Disponível em: <www.stj.jus.br>. Acesso em: 30 maio 2014.

[18] DELGADO, José. Aspectos doutrinários e jurisprudenciais da medida cautelar fiscal. In: MARTINS, Ives Gandra; MARTINS, Rogério Gandra; ELALI, André (Coord.). *Medida cautelar fiscal*. São Paulo: MP Ed., 2006. p. 79.

da Lei nº 8.397/92, quais sejam: a) quando o devedor, notificado pela Fazenda Pública para que proceda ao recolhimento do crédito fiscal, põe ou tenta por bens em nome de terceiros; e b) quando o devedor aliena bens e direitos sem proceder à devida comunicação ao órgão da Fazenda Pública competente, quando exigível em virtude de lei.

O *perigo da demora* do provimento jurisdicional, por sua vez, será verificado sempre que o devedor, por vontade própria ou não, der causa a situações que dificultem ou impeçam a satisfação do crédito. A Lei nº 8.397/92, nos diversos incisos do art. 2º, exemplifica situações que caracterizam o supracitado *periculum in mora*, dentre as quais destacamos aquelas em que o devedor: a) sem domicílio certo, intenta ausentar-se ou alienar bens que possui ou deixa de pagar a obrigação no prazo fixado; b) caindo em insolvência, aliena ou tenta alienar bens; c) notificado pela Fazenda Pública para que proceda ao recolhimento do crédito fiscal, põe ou tenta por bens em nome de terceiros; d) possui débitos, inscritos ou não em Dívida Ativa, que somados ultrapassem trinta por cento do seu patrimônio conhecido.

Em linhas gerais, haverá perigo da demora em situações de *dilapidação, evasão e redução patrimonial*, bem como de dificuldade para localização do devedor.

A *técnica escolhida* pela Lei nº 8.397/92 para assegurar o resultado prático da execução judicial da dívida ativa foi a da *indisponibilidade dos bens do devedor*, até o limite da satisfação da obrigação (art. 4º, *caput*). Em se tratando de devedor pessoa jurídica, contudo, nos moldes legais, a indisponibilidade recairá somente sobre os *bens do ativo permanente* (art. 4º, §1º).

Para localização e bloqueio dos referidos bens, a autoridade judicial oficiará o registro público de imóveis, o Banco Central do Brasil, a Comissão de Valores Mobiliários e as demais repartições que processem registros de transferência de bens – como o DETRAN –, a fim de que, no âmbito de suas atribuições, façam cumprir a constrição judicial. Na prática, para efetivar a indisponibilidade dos bens imóveis do devedor, o que acontece é a expedição de ofício à Receita Federal do Brasil para que esta anexe aos autos um documento chamado Declaração sobre Operações Imobiliárias (DOI), do qual constam todas as transações imobiliárias levadas a efeito pelo devedor.

A jurisprudência, fundamentada no poder-dever geral de cautela, tem mitigado a obrigatoriedade de bloqueio exclusivo de bens integrantes do ativo fixo da empresa, sempre que esses não forem suficientes à garantia integral do crédito tributário. Na ementa do Recurso Especial nº 841.173, restou consignado que a "presunção de legitimidade do crédito tributário, a supremacia do interesse público e o princípio de que a execução por quantia certa de ser levada a efeito em benefício do credor, justificam... sejam indisponibilizados os bens do ativo não permanente."[19] O Judiciário tem levado em consideração também o fato de que, em muitos casos, a inexistência de bens integrantes do ativo permanente faz parte do "planejamento tributário" da empresa devedora, ciente daquilo que prevê a Lei nº 8.397/92.

Assim, em situações excepcionais, devidamente comprovadas, admite-se que o juiz, convencido dos riscos de ineficácia dos processos de execução fiscal e embargos à execução fiscal, determine, por exemplo, por meio do sistema BACENJUD, o bloqueio do montante porventura existente nas contas bancárias de titularidade do demandado, assim como a penhora de bens integrantes de seu estoque (circulante).[20]

Nada obsta também a constrição, no corpo de uma ação cautelar fiscal, de percentual do faturamento da empresa devedora, positivada no art. 655-A, §3º, do Código de Processo Civil. Aqui, deve ser aplicado o entendimento do Superior Tribunal de Justiça segundo o qual, nas execuções fiscais, a penhora de percentual razoável do faturamento da pessoa jurídica devedora só será admissível como última via, ou seja, em caso de absoluta impossibilidade – verificável no caso concreto – de localização de outros bens passíveis de constrição.[21] Ainda de acordo com o STJ, "a figura do administrador da penhora sobre o faturamento da empresa pode ser feita por depositário..., que assumirá a função de responsável pela operacionalização da constrição, com a prestação de contas mensal".[22][23]

---

[19] STJ, REsp nº 841.173/PB, Rel. Ministro Luiz Fux, Primeira Turma, julgado em 18.09.2007, DJ, 15 out. 2007. Disponível em: <www.stj.jus.br>. Acesso em: 30 maio 2014.

[20] Nesse sentido, confira-se: STJ, AgRg no AREsp nº 242.742/PR, Rel. Ministro Herman Benjamin, Segunda Turma, julgado em 04.12.2012, DJe, 19 dez. 2012. Disponível em: <www.stj.jus.br>. Acesso em: 05 jun. 2014.

[21] Nesse sentido, confira-se: STJ, AgRg no AREsp nº 443.217/MG, Rel. Ministro Herman Benjamin, Segunda Turma, julgado em 25.03.2014, DJe, 15 abr. 2014. Disponível em: <www.stj.jus.br>. Acesso em: 18 jun. 2014.

[22] STJ, AgRg no AREsp nº 302529/RJ, Rel. Ministro Humberto Martins, Segunda Turma, julgado em 20.06.2013, DJe, 28 jun. 2013. Disponível em: <www.stj.jus.br>. Acesso em: 18 jun. 2014.

[23] A posição aqui defendida, acerca da possibilidade de penhora de percentual do faturamento de empresa devedora no corpo de medida cautelar fiscal, já foi acolhida pelo egrégio Tribunal de Justiça do Paraná em algumas oportunidades; entre outros, confiram-se: TJPR, 1ª C. Cível, AC nº 1163639-4, Rio Branco do Sul. Rel.: Carlos Mansur Arida. Rel. Desig. p/ o Acórdão: Rubens Oliveira Fontoura. Por maioria. J. 01.04.2014; TJPR, 2ª C. Cível, AI nº 1209038-5, Foz do Iguaçu. Rel.: Antônio Renato Strapasson. Unânime. J. 13.05.2014.

4 Tutela cautelar fiscal como instrumento de justiça tributária: a interpretação constitucional da Lei nº 8.397/92

Conforme exposto nas linhas introdutórias do presente trabalho, diversos tributaristas renomados no cenário nacional têm levado a efeito severas críticas ao procedimento e à técnica de efetivação da tutela cautelar de natureza fiscal.

Hugo de Brito Machado chega a afirmar que, "com o crédito regularmente constituído, pode a Fazenda Pública credora promover a execução fiscal e, assim, conseguir a penhora dos bens", tornando o pedido de cautelar "procedimento inútil, que nada acrescenta como garantia do Tesouro Público."[24] No mesmo sentido, James Marins condena os "injurídicos engenhos criados pelo legislador", assim como as supostas "ausência de igualdade de partes", "presunções *iure et de iure*" e "ampla margem de discricionariedade"[25] verificadas na Lei nº 8.397/92. Cleide Previtali Cais,[26] por sua vez, defende a inconstitucionalidade do disposto no art. 11 da Lei de Ação Cautelar Fiscal,[27] que autoriza a indisponibilidade dos bens do demandado/devedor mesmo que o crédito tributário não esteja definitivamente constituído. Para ela, o bloqueio de bens por tempo indefinido configuraria verdadeira hipótese de confisco.

A nosso sentir, nenhum dos dispositivos da Lei nº 8.397/92 pode, em abstrato, ser considerado inconstitucional.

Desde que se adote aquilo que Bueno chama de "modelo constitucional do processo civil",[28] é perfeitamente possível que a tutela cautelar fiscal funcione como ótimo instrumento para obtenção da efetividade jurisdicional e, consequentemente, da tão almejada justiça fiscal. No caso concreto, o órgão julgador deverá levar em consideração não só os interesses do credor na satisfação da provável dívida, como

---

[24] MACHADO, Hugo de Brito. *Curso de direito tributário*. 27. ed. São Paulo: Malheiros, 2006. p. 476.

[25] MARINS, James. *Direito Processual Tributário* (Administrativo e Judicial). 6. ed. São Paulo: Dialética, 2012. p. 627.

[26] CAIS, Cleide Previtalli. *O processo tributário*. 7. ed. São Paulo: Ed. Revista dos Tribunais, 2011. p. 630-631.

[27] "Art. 11. Quando a medida cautelar fiscal for concedida em procedimento preparatório, deverá a Fazenda Pública propor a execução judicial da Dívida Ativa no prazo de sessenta dias, contados da data em que a exigência se tornar irrecorrível na esfera administrativa."

[28] BUENO, Cássio Scarpinella. *Curso sistematizado de direito processual civil, vol. 04*: tutela antecipada, tutela cautelar, procedimentos cautelares específicos. 5. ed. rev. e atual. São Paulo: Saraiva, 2013. p. 159.

também todas as garantias constitucionais processuais do devedor, como contraditório, ampla defesa e devido processo legal substancial (dever de proporcionalidade).

Entendemos ser enorme a utilidade da medida cautelar fiscal, sobretudo quando comparada ao instituto da execução fiscal de dívida ativa, cuja petição inicial não admite dilação probatória tampouco pedido liminar de indisponibilidade de bens. A verdade é que, em muitos casos, a simples inscrição do crédito em dívida já pode ser suficiente para despertar no devedor a intenção de "blindar" seu patrimônio. As vantagens da cautelar fiscal, assim como de qualquer outro provimento da mesma natureza, são a surpresa e a redução das chances de concretização de fraudes por parte do devedor. Em outros termos, o não deferimento imediato de medida liminar de natureza cautelar pode eliminar por completo as chances da Fazenda Pública de ver seu interesse satisfeito.

Para ilustrar o que estamos falando, basta imaginarmos as consequências do indeferimento de um pedido liminar de bloqueio de ações de titularidade da ré no importe de R$100.000,00 (cem mil reais): sem sombra de dúvidas, as ações seriam imediatamente vendidas e a dívida dificilmente seria satisfeita.

Não vislumbramos também qualquer inconstitucionalidade no ajuizamento de pedido cautelar fiscal antes da constituição definitiva do crédito – tributário ou não tributário. Conforme visto, a mera probabilidade do direito material já é suficiente para que se defiram pedidos dessa natureza, daí por que falar-se em cognição sumária. É dizer: não existe uma fórmula exata que identifique a fumaça do bom direito à decisão irrecorrível na esfera administrativa. Haverá casos em que a decisão de 1ª instância irrecorrível proferida em processo administrativo de auto de infração já será suficiente ao deferimento da cautelar – desde que presente também o perigo da demora. Em outras situações, em virtude das peculiaridades da matéria sob apreciação, nem mesmo a existência de decisão proferida por Conselho Administrativo de Recursos Fiscais – em segunda instância administrativa – será suficiente à caracterização do *fumus boni iuris*.

Também as situações caracterizadoras do perigo da demora, constantes do art. 2º da Lei nº 8.397/92, deverão ser analisadas pelo magistrado à luz das peculiaridades do caso concreto, com o máximo de parcimônia e razoabilidade. Deve-se ter em mente que o rol de situações previstas em lei é meramente exemplificativo e que o importante mesmo é que se verifique o risco a que está submetida a Fazenda Pública caso não consiga ver bloqueados os bens do devedor.

A *existência de dívida inscrita superior a 30% do patrimônio conhecido*, por exemplo, poderá não representar indício de risco quando estivermos diante de empresa saudável, com faturamento elevado e que demonstre de que forma pretende solver a dívida. O mesmo raciocínio pode ser aplicado à situação descrita no art. 2º, V, "a", da Lei nº 8.397/92, segundo o qual se autoriza o requerimento de cautelar sempre que o devedor, "notificado pela Fazenda Pública para que proceda ao recolhimento do crédito fiscal, deixa de pagá-lo no prazo legal, salvo se suspensa sua exigibilidade". Em qualquer caso, não só a Fazenda Pública deverá provar o efetivo perigo que a situação hipoteticamente descrita em lei causa a seus interesses, como, ao devedor, deve ser dada a oportunidade de fazer prova em sentido contrário.

Por fim, só o caso concreto será capaz de revelar, além do já exposto, a validade da técnica escolhida para constrição dos bens do devedor.

Conforme visto, em regra, deve prevalecer o bloqueio exclusivo dos bens integrantes do ativo permanente da empresa, como maquinário, material de escritório e computadores. Excepcionalmente, contudo, o magistrado poderá determinar que sejam bloqueados os bens do estoque da empresa, o dinheiro porventura existente em sua conta corrente ou mesmo percentual do faturamento da pessoa jurídica demandada, desde que a medida revele-se, a um só tempo, adequada, necessária e proporcional em sentido estrito. Aqui, deverão ser confrontados os interesses, argumentos e provas do credor e do devedor, autorizando-se medidas mais drásticas sempre que ficar provada a intenção deliberada do réu de esquivar-se ilicitamente do pagamento do tributo devido.

5 Conclusão

Diante do exposto, podemos concluir que a tutela cautelar fiscal, desde que utilizada dentro dos limites permitidos pelo texto constitucional, revela-se uma das prerrogativas da Fazenda Pública mais hábeis à efetivação do dever fundamental de pagar impostos e, consequentemente, ao equilíbrio do sistema constitucional tributário e ao alcance da tão desejada justiça fiscal; tão importante quanto proteger o cidadão contra os abusos cometidos pelo Fisco é dotar o ordenamento jurídico de instrumentos necessários à proteção dos contribuintes contra os abusos cometidos pelos demais contribuintes.

A Lei nº 8.397/92, ao estabelecer rito específico para a tutela cautelar dos créditos – tributários e não tributários – da Fazenda Pública, ao contrário do que tenta fazer crer boa parte da doutrina nacional, cumpre, de maneira satisfatória, o objetivo mencionado no parágrafo anterior, sobretudo quando se presta a regular os procedimentos preparatórios de garantia de créditos ainda não ajuizados – ou mesmo de créditos ainda não definitivamente inscritos.

Não é possível se falar em inconstitucionalidade em abstrato de qualquer dos dispositivos da Lei nº 8.397/92, cabendo ao magistrado, à luz das peculiaridades do caso concreto – e com amparo no poder-dever geral de cautelar que lhe confere o ordenamento –, verificar a existência do *fumus boni iuris* – ainda que não exista crédito definitivamente constituído – e do *periculum in mora* – ainda que não constada qualquer das situações enumeradas no art. 2º do diploma legal em comento.

Na concretização da medida, o magistrado, visando à efetividade do futuro provimento jurisdicional, desde que obedeça às 3 (três) regras da proporcionalidade (adequação, necessidade e proporcionalidade em sentido estrito), poderá até mesmo autorizar diligências diversas da mera indisponibilidade dos bens do ativo permanente da empresa devedora, já tendo a jurisprudência entendido cabível, por exemplo, a penhora *on line* de valores e o bloqueio de percentual do faturamento da empresa ré.

Referências

BRASIL. STJ. Disponível em: <www.stj.jus.br/portal/principal/principal.asp>.

BUENO, Cássio Scarpinella. *Curso sistematizado de direito processual civil, vol. 04*: tutela antecipada, tutela cautelar, procedimentos cautelares específicos. 5. ed. rev. e atual. São Paulo: Saraiva, 2013.

CAIS, Cleide Previtalli. *O processo tributário*. 7. ed. São Paulo: Ed. Revista dos Tribunais, 2011.

CASA CIVIL DA PRESIDÊNCIA DA REPÚBLICA. Subchefia para Assuntos Jurídicos. Portal da Legislação do Governo Federal. Disponível em: <http://www4.planalto.gov.br/legislacao/legislacao-1/medidas-provisorias>. Acesso em: 10 abr. 2014.

DELGADO, José. Aspectos doutrinários e jurisprudenciais da medida cautelar fiscal. In: MARTINS, Ives Gandra; MARTINS, Rogério Gandra; ELALI, André (Coord.). *Medida cautelar fiscal*. São Paulo: MP Ed., 2006.

DIDIER Jr. Fredie; BRAGA, Paula Sarno; OLIVEIRA, Rafael. *Curso de direito processual civil* – teoria da prova, direito probatório, teoria do precedente, decisão judicial, coisa julgada e antecipação dos efeitos da tutela. 5. ed. rev. e atual. Salvador: JusPodivm, 2010.

GUERRA, Marcelo Lima. *Estudos sobre o processo cautelar*. São Paulo: Malheiros, 1995.

MACHADO, Hugo de Brito. *Curso de direito tributário*. 27. ed. São Paulo: Malheiros, 2006.

MACHADO SEGUNDO, Hugo de Brito. *Processo tributário*. 6. ed. São Paulo: Atlas, 2012.

MARINS, James. *Direito Processual Tributário* (Administrativo e Judicial). 6. ed. São Paulo: Dialética, 2012.

NABAIS, José Casalta. *O dever fundamental de pagar impostos*. Coimbra: Almedina, 2004.

SANCHES, J. L. Saldanha. *Justiça Fiscal*. Lisboa: Fundação Francisco Manoel dos Santos, 2010.

Informação bibliográfica deste texto, conforme a NBR 6023:2002 da Associação Brasileira de Normas Técnicas (ABNT):

CASTRO, Eduardo Moreira Lima Rodrigues de. A tutela cautelar fiscal como prerrogativa da fazenda pública e instrumento de justiça tributária. *In*: BARBUGIANI, Luiz Henrique Sormani (Coord.). *Prerrogativas da advocacia pública*: direitos não são benefícios, mas instrumentos da democracia para uma atuação eficiente e ética no trato da coisa pública. Belo Horizonte: Fórum, 2016. p. 119-134. ISBN 978-85-450-0142-3.

A CRIMINALIZAÇÃO DA VIOLAÇÃO DAS PRERROGATIVAS DO ADVOGADO E A ADVOCACIA PÚBLICA

ERNESTO ALESSANDRO TAVARES

Tramitam no Congresso Nacional diversos projetos de leis que objetivam criminalizar atos contrários às prerrogativas dos advogados discriminadas na Lei nº 8.906/94, o Estatuto da Ordem dos Advogados do Brasil (EOAB). O tema retornou à pauta de discussões no âmbito da Magistratura, do Ministério Público, bem como debatido no seio da classe por ocasião da XXII Conferência Nacional dos Advogados, que aconteceu entre 20 e 23 de outubro de 2014 no Rio de Janeiro. O reaquecimento dos debates teve como um dos motivos a aprovação do PLC nº 83/2008[1] na Comissão de Constituição e Justiça do Senado Federal em setembro de 2014 – projeto este iniciado e aprovado na Câmara dos Deputados –, e da apresentação do Projeto de Lei nº 7.508/14, em maio de 2014, na Câmara Federal, este último objetivando incluir o art. 350-A no Código Penal Brasileiro em vigor, de modo a tornar crime, apurado através de ação civil pública condicionada, "violar ato, manifestação, direito ou prerrogativa do advogado, nos termos da lei e no exercício de sua função, impedindo ou prejudicando seu exercício profissional".

---

[1] Importante observar que o PLC nº 83/08 não será aprovado em sua redação original que previa pena de 6 meses a 2 anos, mas de acordo com o texto contido em substitutivo apresentado pelo Senador Demostenes Torres na CCJ do Senado, que propõe a modificação da Lei nº 4.898/65 (Lei do Abuso de Autoridade) de modo a fixar as sanções em multa e/ou detenção de 2 a 4 anos. Emitindo Nota Técnica PGR/SRI nº 42/2014, a PGR se manifestou favoravelmente ao substitutivo em vista da eventual inconstitucionalidade do texto originário.

Sem ter a pretensão de esgotar o assunto, discorrer-se-á sobre o mesmo precipuamente sob o dia a dia da advocacia pública.

1 Cenário contemporâneo

A ideia de criminalizar a violação das prerrogativas dos advogados não é novidade no seio do Legislativo federal, tendo sido objeto de diversas iniciativas parlamentares nas duas casas do Congresso Nacional.

Em breve pesquisa acerca das proposições de leis já apresentadas na Câmara dos Deputados e no Senado Federal envolvendo o tema, apurou-se que desde 2005[2] os parlamentares têm iniciado o processo legislativo ordinário com o propósito de tipificar condutas violadoras das prerrogativas contidas na Lei nº 8.906/94, o Estatuto da Ordem dos Advogados do Brasil (EOAB).

Lendo-se as justificativas que acompanharam as respectivas proposições, constata-se que o principal motivo é a ínfima eficácia do desagravo público e dos demais instrumentos jurídicos existentes como meio de se precaver ou corrigir a agressão daquelas prerrogativas.

O EOAB contempla diversas prerrogativas ao advogado para o exercício de seu *múnus público*, nomeadamente as constantes no art. 7º da Lei nº 8.906/94 e que dão azo ao desagravo público a ser realizado pelo conselho competente (art. 7º, §5º) da seccional da OAB.

Contudo, tal medida é de pouca ou nenhuma eficácia, por representar apenas uma nota de repúdio da classe. Com o desagravo não há qualquer outra consequência para aquele que praticou a violação, salvo se constituir delito ou infração administrativa autônoma, apurados em raríssimas vezes. O revés é o que se dá quando a vítima constitui autoridade pública (juízes, promotores, delegados, serventuários e auxiliares da justiça etc.), onde não é difícil encontrar procedimentos criminais tendo como objeto a apuração do crime de desacato praticado durante audiência, júri ou sessão de julgamento dos Tribunais.

Argumenta-se que a criminalização das prerrogativas da advocacia criaria um escudo protetor em favor de advogados mal-intencionados, ao argumento de que estes poderiam se valer das instâncias

---

[2] Neste sentido, em 2005, foram apresentados, na Câmara dos Deputados, os PL nºs 4.915/05, 5.083/05, 5.282/05, 5.383/05, 5.476/05, 5.753/05 (estes projetos foram apensados ao PL nº 5.762/05, que atualmente encontra-se no Senado Federal tramitando como PLC nº 83/08), e, no ano de 2014, o PL nº 7.508/14. No Senado Federal foi apresentado o PLS nº 385/13 (atualmente arquivado em decorrência do término da legislatura em dez./2014).

penais para fins de vindita ou para praticar atrocidades diversas contra autoridades públicas. Outros questionam a iniciativa pautados no fenômeno da "inflação legislativa" na seara criminal, afirmando que tal intento ruiria o princípio da intervenção mínima.

À primeira vista se demonstra despicienda a criação de um novo tipo penal sobre o tema. Mas uma pesquisa apurada em nossos tribunais demonstra a urgência de medida eficaz para salvaguardar os direitos do advogado, que não seja apenas através de desagravo público.

A imprescindibilidade de tal medida bem pode ser vista com o ato da mais alta Corte do Judiciário nacional ao editar a Súmula Vinculante nº 14,[3] consagrando o direito inarredável do advogado constituído em ter amplo acesso aos autos de procedimentos investigatórios criminais para fins de se debruçar sobre as provas já coligidas.

Ora, este direito já está às claras no texto da Lei nº 8.096/94, art. 7º, XIII a XVI,[4] e assim mesmo não é franqueado ao causídico, sem menores percalços, o acesso ao caderno investigativo policial que contenham os elementos necessários para que estude as acusações imputadas ao seu constituinte.

O que se falar então das intimidações sofridas pelos advogados públicos no exercício de suas funções praticadas por autoridades policiais e judiciais, tal como as impostas por descumprimento de ordem judicial por agentes do Estado (secretários, diretores de órgãos públicos etc.).

Um dos fatores que contribuiu para exposição dos advogados públicos adveio após o que se rotulou de "judicialização das políticas públicas" e o crescente ativismo judicial, eventos que importaram na inclusão do Poder Judiciário como meio de se obter resposta concreta e imediata às políticas públicas não executadas a termo pelo Executivo, quase que de modo a desfigurar lhe sua função típica.

---

[3] STF. SV nº 14: É direito do defensor, no interesse do representado, ter acesso amplo aos elementos de prova que, já documentados em procedimento investigatório realizado por órgão com competência de polícia judiciária, digam respeito ao exercício do direito de defesa.

[4] Lei nº 8.906/94: Art. 7º. Omissis. [...] XIII - examinar, em qualquer órgão dos Poderes Judiciário e Legislativo, ou da Administração Pública em geral, autos de processos findos ou em andamento, mesmo sem procuração, quando não estejam sujeitos a sigilo, assegurada a obtenção de cópias, podendo tomar apontamentos; XIV - examinar em qualquer repartição policial, mesmo sem procuração, autos de flagrante e de inquérito, findos ou em andamento, ainda que conclusos à autoridade, podendo copiar peças e tomar apontamentos; XV - ter vista dos processos judiciais ou administrativos de qualquer natureza, em cartório ou na repartição competente, ou retirá-los pelos prazos legais; XVI - retirar autos de processos findos, mesmo sem procuração, pelo prazo de dez dias; [...].

Apesar de ser aparentemente contra os interesses do Parlamento, é possível afirmar que há um consenso no sentido de que a assunção de novos papéis pelo Judiciário, incluindo as decisões sobre questões políticas, morais, religiosas, centrais, tanto por parte da sociedade quanto por parte dos próprios atores políticos, vem sendo aceita pela sociedade, uma vez que os próprios atores políticos veem o Judiciário como um fórum apropriado para enfrentar essas questões.[5]

É indiscutível que não se confundem as pessoas do constituído e constituinte, mas a realidade forense demonstra outra realidade. A exemplo disto vale lembrar a fixação de *astreintes* na pessoa do advogado público em decorrência da mora da Administração Pública que representa em cumprir ordens judiciais, e, em muitas outras, a intimidação do mesmo ao imputar-lhe a prática de crime de desobediência decorrente de omissão não lhe imputável.

Diante da multiplicidade de casos como esses, a Associação Nacional dos Procuradores do Estado (ANAPE)[6] ajuizou, perante o Supremo Tribunal Federal, a ADI nº 2.652, relatada pelo Ministro Maurício Corrêa, questionando a interpretação do art. 14, parágrafo único do CPC, até então, utilizado como instrumento de coerção contra o advogado público pelo descumprimento de ordem judicial por parte da Administração Pública que presenta em juízo. Em referida demanda, ao final, o julgamento proferido foi no sentido de dar-lhe interpretação Conforme a Constituição sem redução de texto, "para ficar claro que a ressalva contida na parte inicial do dispositivo alcança todos os advogados, com esse título atuando em juízo, independentemente de estarem sujeitos também a outros regimes jurídicos". A partir de então restou pacificado que as multas fixadas em razão do descumprimento de ordens judiciais por parte de quem representa não poderão atingir as pessoas dos advogados (públicos ou particulares), mas apenas aqueles que representam no foro judicial.

É de se acrescentar, ainda, que os advogados públicos também se deparam com violações de suas prerrogativas dentro do próprio órgão que representa, tais como a imposição de ponto eletrônico, a

---

[5] BARBOZA, Estefânia Maria de Queiroz; KOZICKI, Katya. Judicialização da política e controle judicial de políticas públicas. *Rev. direito GV* [online], v. 8, n. 1, p. 61, 2012.

[6] É de se registrar que a ANAPE em diversas oportunidades tem defendido a classe, tal como em outras ações diretas impugnando leis estatuais que, inconstitucionalmente, transferem as atribuições de Procuradores do Estado para assessores jurídicos comissionados. Neste sentido, *vide* a ADI nº 4.843, Relator Min. Celso de Mello, ADI nº 1.679, Relator Ministro Néri da Silveira, ADI nº 1.591, Relator Ministro Octávio Galoti.

substituição de advogados públicos de carreira por assessores jurídicos comissionados etc. Tamanha é a discussão sobre o tema que diversas seccionais da OAB[7] noticiam a adoção de medidas administrativas e judiciais objetivando a proteção da independência funcional e técnica dos advogados públicos, a ponto de o Conselho Federal da OAB ter editado 10 (dez) súmulas[8] relacionadas à defesa das prerrogativas das carreiras públicas da advocacia.

Diante do cenário exposto, é indiscutível a necessidade de ser inovado o ordenamento jurídico pátrio com o propósito de impor maior rigor na observância das prerrogativas dos advogados por parte das autoridades públicas, seja através da alteração do próprio EOAB, seja com a aprovação do PL nº 236/12, atualmente em trâmite na Câmara Federal, que objetiva instituir o Novo Código Penal Brasileiro e que em

---

[7] OAB-CE. Disponível em: <http://oabce.org.br/2011/07/oab-ce-apoia-apafece-pela-retirada-do-controle-de-ponto>. Acesso em: mar. 2015; OAB-ES. Disponível em: <http://www.oabes.org.br/noticias/554995>. Acesso em: mar. 2015; OAB-MT. Disponível em: <http://www.oabmt.org.br/Noticia/Noticia.aspx?id=10239&titulo=seccional-impetraram-mandado-de-seguranca-em-favor-de-advogados-publicos>. Acesso em: mar. 2015; OAB-GO. Disponível em: <http://www.oabgo.org.br/oab/noticias/conquista/25-07-2013-oab-go-consegue-importante-vitoria-para-advogados-publicos>. Acesso em: mar. 2015.

[8] *Súmula 1* - O exercício das funções da Advocacia Pública, na União, nos Estados, nos Municípios e no Distrito Federal, constitui atividade exclusiva dos advogados públicos efetivos a teor dos artigos 131 e 132 da Constituição Federal de 1988.
Súmula 2 - A independência técnica é prerrogativa inata à advocacia, seja ela pública ou privada. A tentativa de subordinação ou ingerência do Estado na liberdade funcional e independência no livre exercício da função do advogado público constitui violação aos preceitos Constitucionais e garantias insertas no Estatuto da OAB.
Súmula 3 - A Advocacia Pública somente se vincula, direta e exclusivamente, ao órgão jurídico que ela integra, sendo inconstitucional qualquer outro tipo de subordinação.
Súmula 4 - As matérias afetas às atividades funcionais, estruturais e orgânicas da Advocacia Pública devem ser submetidas ao Conselho Superior do respectivo órgão, o qual deve resguardar a representatividade das carreiras e o poder normativo e deliberativo.
Súmula 5 - Os Advogados Públicos são invioláveis no exercício da função. As remoções de ofício devem ser amparadas em requisitos objetivos e prévios, bem como garantir o devido processo legal, a ampla defesa e a motivação do ato.
Súmula 6 - Os Advogados Públicos são invioláveis no exercício da função, não sendo passíveis de responsabilização por suas opiniões técnicas, ressalvada a hipótese de dolo ou fraude.
Súmula 7 - Os Advogados Públicos, no exercício de suas atribuições, não podem ser presos ou responsabilizados pelo descumprimento de decisões judiciais. A responsabilização dos gestores não pode ser confundida com a atividade de representação judicial e extrajudicial do advogado público.
Súmula 8 - Os honorários constituem direito autônomo do advogado, seja ele público ou privado. A apropriação dos valores pagos a título de honorários sucumbenciais como se fosse verba pública pelos Entes Federados configura apropriação indevida.
Súmula 9 - O controle de ponto é incompatível com as atividades do Advogado Público, cuja atividade intelectual exige flexibilidade de horário.
Súmula 10 - Os Advogados Públicos têm os direitos e prerrogativas insertos no Estatuto da OAB.

seu art. 311[9] se destina à tutela dos direitos e das prerrogativas[10] dos advogados, inovações estas que em nada agridem a imunidade ou as prerrogativas das demais classes ou carreiras jurídicas, muito menos afrontam princípios ou normas constitucionais e infraconstitucionais.

2 As prerrogativas do advogado e a advocacia pública

As prerrogativas da advocacia não constituem um privilégio ou vantagem da classe sobre os demais atores do ambiente forense, mas apenas instrumentos para o exercício da profissão de forma condizente à proteção do direito de quem representa.[11] Na lição de Orlando Guedes da Silva[12] tais prerrogativas têm a seguinte conotação:

> Trata-se de um conjunto de normas autonomas que proíbem ou impõem condutas quanto ao acesso e ao exercício de uma profissão com interesse público, tendo em vista a protecção de valores jurídicos que são impostos às pessoas que acedem à profissão e a exercem e que estão adstritas a especiais deveres perante outras pessoas no quadro dessa profissão.

Não é de difícil dedução que tanto as prerrogativas, como as obrigações e os direitos discriminados no EOAB, se endereçam aos militantes da advocacia pública ou privada diante do texto do art. 3º, §1º:

> Art. 3º O exercício da atividade de advocacia no território brasileiro e a denominação de advogado são privativos dos inscritos na Ordem dos Advogados do Brasil (OAB).

---

[9] **Art. 311.** *Violar direito ou prerrogativa legal do advogado, impedindo ou limitando sua atuação profissional:*
Pena – prisão, de seis meses a dois anos, sem prejuízo da pena correspondente à violência, se houver.
§1º Nas mesmas penas incorre quem viola ou tenta violar as garantias ou prerrogativas constitucionais ou legais de membro da magistratura ou do Ministério Público, impedindo ou limitando a atividade judicante ou ministerial.
§2º A pena será aumentada de um terço até a metade se do fato resultar prejuízo ao interesse patrocinado pelo advogado ou ao exercício das funções judicantes ou ministeriais.
§3º Na hipótese do caput deste artigo, somente se procede mediante representação."

[10] Conforme alude Paulo Lôbo, os direitos nada mais são do que espécies das quais as prerrogativas são gêneros, onde estas estão dispersas em diversos dispositivos do EOAB, não se limitando ao catálogo do art. 7º (*Comentários ao Estatuto da Advocacia e da OAB*. 4. ed. São Paulo: Saraiva, 2007. p. 53).

[11] *Ibidem*, p. 53.

[12] COSTA, Orlando Guedes da. *Direito profissional do advogado*: noções elementares. 6. ed. Coimbra: Almedina, 2008. p. 19.

§1º. Exercem atividade de advocacia, sujeitando-se ao regime desta além, além do regime próprio a que se subordinem, os integrantes da Advocacia Geral da União, da Procuradoria da Fazenda Nacional, da Defensoria Pública e das Procuradorias e Consultorias Jurídicas dos Estados, do Distrito Federal, dos Municípios e das respectivas entidades de administração indireta e fundacional.

É claro que algumas das regras dispostas no EOAB merecem ser corretamente interpretadas e aplicadas quando se trata de advogados públicos, uma vez que, a par do Estatuto dos advogados, também estão sujeitos a um regime jurídico próprio.

A título de exemplo, registre-se a desnecessidade do advogado público em fazer prova do mandato para atuar em juízo ou fora dele, uma vez que tal delegação de poderes decorre *ex lege* em virtude da posse em cargo público, como anotado pela jurisprudência do Supremo Tribunal Federal,[13] ao contrário do que sucede na advocacia privada (EOAB, art. 5º), em que poderá ser declarada a inexistência dos atos praticados (CPC, art. 37, parágrafo único).

Outro ponto digno de nota é no que toca a discussão que gira em torno da possibilidade de o advogado público ter de se sujeitar a controle de frequência, ou, ainda, se poderá se valer de sua autonomia para recusar demandas judiciais no exercício de cargo público, valendo-se de sua consciência ético-profissional.

No concernente ao "controle de ponto", diversas instâncias do Judiciário[14] já se inclinaram pela ilegalidade da imposição de controle de horário em decorrência do caráter eminentemente intelectual da profissão, que exige pesquisas e estudos a serem realizados a qualquer momento do dia, seja durante o expediente normal ou não. No mesmo sentido é a orientação do Conselho Federal da OAB externada na Súmula nº 09, que expressamente consigna: "O controle de ponto é incompatível com as atividades do Advogado Público, cuja atividade intelectual exige flexibilidade de horário".

---

[13] STF. Súmula nº 644: Ao titular do cargo de procurador de autarquia não se exige a apresentação de instrumento de mandato para representá-la em juízo.

[14] Exemplo emblemático é a sentença proferida na Ação Civil Pública nº 0019802-45.2012.4.01.3800 ajuizada pela seccional da OAB de Minas Gerais, perante a 5ª Vara Federal de MG, em favor dos Procuradores do Estado de Minas Gerais, ação na qual restou reconhecida a ilegalidade de ato administrativo que fixava ponto àqueles profissionais. Há que se registrar que aludida sentença foi suspensa por decisão proferida no Supremo Tribunal Federal, nos autos de Suspensão de Segurança nº 4.717/MG relatado pelo ex-Min. Joaquim Barbosa, o qual em síntese, ressaltou que "na tensão entre esses dois polos da atividade do procurador de estado, parece-me que o ato judicial impugnado concedeu indevido peso à execução de atividades privadas por servidor público".

É nítida a incompatibilidade e irrazoabilidade na fixação de horários de expediente para um profissional que não tem como adequar a rotina forense e/ou intelectual com a administrativa. É claro que não se propugna pela ausência de qualquer controle por parte da Administração Pública. Até porque imperam na seara pública os deveres impostos pelo art. 37, *caput*, da Constituição Federal (moralidade, legalidade, eficiência, impessoalidade e publicidade), os quais também deverão se conformar com o disposto no artigo 133 da Carta Maior, que consagra a essencialidade do advogado na administração da Justiça e lhe confere a necessária autonomia e independência para tal mister.

No tocante à autonomia técnica do advogado público,[15] há alguns limites para seu exercício, na medida em que o regime jurídico a que se submete é distinto do vigente na seara privada, ante o princípio da legalidade e da indisponibilidade do interesse público. É evidente que não poderá deixar de apresentar uma manifestação processual ou administrativa simplesmente arguindo que a independência técnica lhe faculta a forma de agir, justificativa esta que seria plenamente cabível no ministério privado em que é dado ao profissional da advocacia, quiçá obrigado pelo dever ético e de lealdade processual, recusar demandas temerárias ou contrárias a sua inclinação pessoal ou profissional.

Muito ao contrário se dá na esfera pública em que o dever decorrente dos macroprincípios administrativos relativizam tal liberdade a ponto de exigir daquele que exerce a função pública alguma atuação, ainda que seja para postular perante autoridade hierarquicamente superior (ou órgão específico) autorização para seguir com sua posição ética ou técnica. Para Jeferson Carús Guedes,[16] apesar de haver a obrigação do advogado público de se manifestar em procedimentos judiciais e administrativos que lhe forem submetidos, não está sujeito a interferências técnicas:

> Deve, sim, o subordinado ser instado a bem fundamentar seus posicionamentos jurídicos, sem sofrer, porém, interferências técnicas que não

---

[15] Importante destacar que autonomia técnica não se confunde com autonomia funcional, uma vez que aquela está atrelada à intelectualidade do profissional, enquanto esta se refere ao órgão de representação judicial, o qual, segundo entendimento pacificado no STF, é incabível aos advogados públicos, pois tal privilégio somente foi concedido aos membros do Judiciário e do Ministério Público, não podendo o poder constituinte decorrente inovar em temas de reprodução obrigatória (STF. ADI nº 291/MT, Rel. Min. Joaquim Barbosa; ADI nº 470/AM, Rel. Min. Ilmar Galvão).

[16] GUEDES, Jefferson Carús; SOUZA, Luciane Moessa de (Coord.). *Advocacia de Estado*: questões institucionais para a construção de um Estado de Justiça. Belo Horizonte: Fórum, 2009. p. 121.

as resultantes de argumentos jurídicos sólidos, mediante um debate coletivo na instituição, no qual tenham participação os maiores especialistas no tema (o que se pode objetiva e facilmente aquilatar, seja pela verificação do currículo, seja pela atuação profissional pretérita na própria instituição em casos similares).

Entendimento este que também foi corroborado pelo Supremo Tribunal Federal, segundo colhe-se do voto proferido na ADI nº 4.261, em que o ex-Ministro Ayres Britto deixou claro que aos advogados públicos é reservada a independência técnico/funcional, argumentando em síntese que:

> Independência e qualificação hão de presidir a atuação de quem desenvolve as atividades de orientação e representação jurídica, tão necessárias ao regular funcionamento do Poder Executivo. Tudo sob critérios de absoluta tecnicidade, portanto, até porque tais atividades são constitucionalmente categorizadas como 'funções essenciais à Justiça' (Capítulo IV do Título IV da CF).

Por outro lado, vale ressaltar que, diante da necessidade de homogeneizar a interpretação sobre determinados assuntos e da multiplicidade de casos com que hodiernamente se deparam os profissionais da advocacia pública, existindo orientações normativas dentro do órgão sobre certos temas a liberdade técnica não tem natureza absoluta, cuja inobservância das diretrizes gerais poderá ensejar procedimento administrativo disciplinar válido, como reconheceu o Superior Tribunal de Justiça.[17] Posição que também é acolhida por Marcelo Novelino[18] com outras *nuances*, considerando que este autor analisa a questão da autonomia e independência técnica sob três prismas:

> Nas atividades de consultoria e assessoramento (atividades preventivas), não há subordinação hierárquica, vigorando o regime de liberdade

---

[17] "A correição efetuada pela Corregedoria-Geral da Advocacia da União pode e deve adentrar na formação do mérito jurídico em pareceres emitidos por membros da Advocacia-Geral da União – AGU, para concluir pela existência de indícios de inobservância das leis e de orientações consolidadas no âmbito da Administração Pública. [...] Constitui justa causa, ou motivo determinante, hábil a ensejar a abertura de processo administrativo disciplinar, a existência de indícios de manifestações jurídicas de membro da Advocacia-Geral da União que se apresentem, de forma sistemática, contrárias a pareceres normativos da AGU, aprovados pelo Presidente da República" (STJ. MS nº 13861-DF, Rel. Min. Arnaldo Esteves Lima).

[18] NOVELINIO, Marcelo. *Manual de direito constitucional*. Volume único. 8. ed. São Paulo: Método, 2013. p. 971.

funcional. O advogado de Estado deve analisar, de acordo com sua consciência, a legalidade de determinados atos, pautando-se exclusivamente em normas constitucionais e legais.

No assessoramento jurídico o advogado possui a incumbência de orientar a instância decisória, mas sem qualquer responsabilidade sobre a decisão a ser tomada.

Na consultoria, o advogado exara um parecer, sobre o qual possui inequívoca responsabilidade. [...].

Na representação judicial (atividades postulatórias), aplica-se um regime de hierarquia, sendo incompatível com a configuração jurídica fixada pela Constituição da República (CF, art. 132) a atribuição de independência funcional a Procuradores Federais, Estaduais ou Municipais.

Como se vê, é inegável que os advogados públicos poderão se valer de quaisquer das prerrogativas arroladas no Estatuto da OAB, exigindo-se apenas certa conformação das mesmas com o regime jurídico-administrativo a que estão sujeitos, sempre evitando ruir a autonomia e independência técnica inerente à profissão.

3 Prerrogativas da advocacia como bem jurídico penal

Uma das críticas endereçadas à proposta de tipificação das prerrogativas da advocacia é no sentido de que os conceitos expressos no art. 7º do EOAB são demasiadamente vagos, imprecisos e incompatíveis com a textura da norma penal, a qual necessariamente deverá ser fechada. Alude-se, ainda, que existem outros instrumentos ou instituições jurídicas suficientes para garantir o exercício daquelas prerrogativas, sendo inadequada tal criminalização frente ao princípio da intervenção mínima.

Analisando os projetos de leis atualmente em trâmite no Congresso Nacional que objetivam criminalizar a violação das prerrogativas da advocacia, constata-se que todos eles constituem normas penais em branco, uma vez que necessitam de um complemento (preceito primário) para que possam definir a conduta criminosa. No caso dos projetos de leis acima referidos, o preceito primário seria preenchido com as condutas discriminadas nos incisos do art. 7º do EOAB. É sobre o apontado dispositivo que convergem as principais críticas, no sentido de que os conceitos nele dispostos são indeterminados, muitas vezes configurando o que chamam de "crimes de hermenêutica".

Antes de tudo, é importante registrar que as prerrogativas da advocacia constituem bem jurídico tutelado constitucionalmente, conclusão esta que se extrai ante o fato de o Constituinte ter categorizado a classe como Função Essencial à Justiça ao lado da Magistratura e do Ministério Público, tendo o Supremo Tribunal Federal reconhecido que: "A proclamação constitucional da inviolabilidade do Advogado, por seus atos e manifestações no exercício da profissão, traduz uma significativa garantia do exercício pleno dos relevantes encargos cometidos pela ordem jurídica a esse indispensável operador do direito".[19]

A hermenêutica que se deve fazer do Título IV, Capítulo IV, da Constituição da República, que trata da Organização dos Poderes, deve ser plural, como diria Peter Häberle,[20] ao afirmar que "no processo de interpretação constitucional estão potencialmente vinculados todos os órgãos estatais, todas as potências públicas, todos os cidadãos e grupos, não sendo possível estabelecer-se um elemento cerrado ou fixado com *numerus clausus* de intérpretes da Constituição".

Não se pode extrair do texto constitucional apenas a exegese feita pelos membros de órgãos institucionalizados, pois a advocacia não atende apenas a este ou aquele grupo ou classe, mas a quase totalidade dos cidadãos que diariamente se defrontam com transgressões a seus direitos e se deparam com novos vilipêndios no momento em que, acreditando que o profissional da advocacia irá sanar sua necessidade de Justiça, vivenciam os inúmeros percalços impostos ao defensor por autoridades públicas diversas.

Diante do texto constitucional, observa-se que aos membros do Judiciário e do Ministério Público o Constituinte originário lhes consagrou prerrogativas suficientes para garantir-lhes autonomia e independência funcional, quando dispensou-lhes as garantias da vitaliciedade, inamovibilidade e irredutibilidade de vencimentos, o que em nível infraconstitucional é protegido, entre outras infrações, pela tipificação do delito de desacato no código penal, como também pelas imunidades constantes em seus estatutos (LC nº 35/79 – LOMAN e Lei nº 8.625/93 – LONMP).

A par das demais funções essenciais à Justiça, a advocacia não deve ficar em posição secundária. Até porque não há hierarquia ou

---

[19] STF. Habeas Corpus nº 69085-RJ. Rel. Min. Celso de Mello. 1ª Turma. Julg. 02.06.1992. *DJU*, 26 mar. 93, p. 5003).

[20] HÄBERLE, Peter. *Hermenêutica constitucional*. A sociedade aberta dos intérpretes da constituição: Contribuição para a interpretação pluralista e "procedimental" da constituição. Tradução Gilmar Ferreira Mendes. Porto Alegre: Sergio Fabris, 2002. p. 13.

subordinação do advogado frente ao juiz ou membro do Ministério Público, como bem deixa assente o EOAB, art. 6º.[21] Diante do cenário que se apresenta hodiernamente no foro judicial, não se demonstra insensível ou inoportuna a inovação legislativa na seara criminal com o propósito de assegurar os direitos e garantias para o pleno exercício da atividade da advocacia, que atualmente encontra-se desprestigiada ante a ausência de remédio eficaz a sanar a enfermidade. Eis o pressuposto material para a mutação legislativa penal a que se refere Claus Roxin:[22]

> La exigencia de que el Derecho penal sólo puede proteger "bienes jurídicos" ha desempeñado un importante papel en la discusión de la reforma de las últimas décadas. Se partió de la base de que el Derecho penal sólo tiene que asegurar determinados "bienes" previamente dados, como la vida (§§211 ss.), la integridad corporal (§§223 ss.), el honor (§§185 ss.), la Administración de Justicia (§§153 ss.), etc., y de esa posición se ha deducido la exigencia de una sustancial restricción de la punibilidad en un doble sentido.

Para Roxin, os bens jurídicos a serem tutelados penalmente devem estar protegidos no seio constitucional, não necessariamente dispostos no catálogo dos direitos e garantias fundamentais,[23] devendo-se apenas evitar a criminalização de comportamentos por motivos ideológicos, simples questões morais ou criar penalidades arbitrárias por isto limitar demasiadamente a liberdade da pessoa. Há muito já se reconheceu que não é só no Capítulo II, Título II, da Constituição de 1988 que estão consagradas tais garantias, mas dispersas no texto constitucional, podendo-se seguramente afirmar que a indispensabilidade do advogado também pode ser considerada Direito Fundamental que decorre da necessidade do ser humano em se defender por todos os meios lícitos, principalmente através de defesa técnica.

---

[21] Art. 6º Não há hierarquia nem subordinação entre advogados, magistrados e membros do Ministério Público, devendo todos tratar-se com consideração e respeito recíprocos.

[22] ROXIN, Claus. *Derecho penal*. Parte General. Fundamentos. La estrutura de la teoria del delito. Trad. espanhola Diego-Manuel Luzón Peña, Miguel Diaz Y Garcia Conlledo e Javier de Vicente Remensal. Madrid: Civitas, 1997. t. I, p. 52.

[23] ROXIN. *Op. cit.*, p. 54. Nas palavras de Roxin: "A pesar de estas evoluciones la cuestión teórica del concepto material de delito sigue sin estar clara, pues hasta ahora no se ha logrado precisar el concepto de "bien jurídico" de modo que pudiera ofrecer una delimitación jurídicamente fundada y satisfactoria por su contenido. En primer lugar, no es posible limitarlo a los bienes individuales, ya que el StGB protege muchos bienes jurídicos de la comunidad, como el Estado (§§81 ss.), las divisas (§§146 ss.) o la Administración de Justicia (§§153 ss.), cuya lesión también merece indiscutiblemente una pena desde la perspectiva de un concepto material de delito".

O amplo catálogo de direitos fundamentais ao qual é dedicada a Parte I da Constituição não esgota o campo constitucional dos direitos fundamentais. Dispersos ao longo da Constituição existem outros direitos fundamentais, vulgarmente chamados *direitos fundamentais formalmente constitucionais mas fora do catálogo* ou direitos fundamentais dispersos.[24]

Por isso é que se pode dizer seguramente que o livre e pleno exercício da advocacia constitui bem jurídico relevante para ser tutelado penalmente, pois de nada adiantaria a Constituição, no ápice do ordenamento jurídico, consagrar tal direito, mas em nível infraconstitucional inexistirem meios jurídicos eficazes que garantam o gozo da faculdade constitucional.

Não se desconhece do alerta quanto a hiperinflação legislativa penal que estaria produzindo agressões gravíssimas ao que Zafaroni denomina injusto jus-humanista.[25] Mas há que se ressaltar que a proteção penal que está sendo proposta no Congresso Nacional visa nada mais nada menos que garantir a todos meios de defesa de seus direitos, uma vez que é também através do exercício da advocacia que se busca a plena satisfação dos mesmos.

Ademais, nem mesmo pode-se dizer que a criminalização das prerrogativas se pautaria em tipos de hermenêutica, diante da vagueza ou imprecisão de seus conceitos a ponto de serem inconstitucionais, conforme a teoria da nulidade das cláusulas excessivamente abertas (*Overbreadth Doctrine*), desenvolvida por John Decker.[26]

O legislador não é um ser sobrenatural capaz de dominar todas as particularidades da ciência jurídica, quiçá de sua terminologia que muitas vezes traz consigo adversidades e ambiguidades como todo objeto cultural, posto que, conforme alude Misabel Derzi,[27] é "característica da linguagem comum, na qual se expressa a norma jurídica, a ambiguidade, o sentido vago e a textura aberta, impossibilitando a formação de conceitos unívocos".

Ao que tudo indica, em regra, o problema da norma jurídica é ínsito aos seus próprios conceitos e da linguagem que lhe dá "vida",

---

[24] CANOTILHO, J. J. Gomes. *Direito constitucional e Teoria da Constituição*. 4. ed. Coimbra: Almedina. p. 398.

[25] ZAFFARONI, Eugenio Raú; PIERANGELI, José Enrique. *Manual de direito penal brasileiro*. V. 1. Parte Geral. 9. ed. São Paulo: RT, 2011. p. 78.

[26] DECKER, F. John. Overbreadth outside the first amendment. *New Mexico Law Review*, Albuquerque, v. 34, p. 53, 2004.

[27] DERZI, Misabel de Abreu Machado. *Direito tributário, direito penal e tipo*. São Paulo: RT, 1988. p. 80.

terminologia esta que não pode ser dispensada, sob pena de desnaturar a sua cientificidade e da própria ciência jurídica.

A generalidade da norma é vista tanto como um mal, como também um bem na atividade legislativa, pois ao mesmo tempo que se pode aproximar as leis dos fatos concretos, incorre-se no perigo de legislar apenas sobre determinados acontecimentos, deixando-se de lado um imenso vazio sem regulamentação. O raciocínio inverso também se demonstra inviável, já que a letra da lei poderá ser subvertida a fatos nela não contemplados.

Para solucionar este impasse entram em cena os métodos hermenêuticos, pois "interpretar significa conferir ou irrogar um sentido à norma, com vistas à sua aplicação num caso concreto. A interpretação não pode ser desprendida do seu sentido pragmático, que é oferecer uma solução, uma decisão para um caso concreto ou ao menos uma hipótese levantada".[28]

Sendo exatamente neste ponto que entra o papel da Jurisdição penal, que ao analisar o caso concreto faz a devida subsunção do fato à norma para adequá-la aos tipos penais. Por mais que se lancem críticas sobre eventual vagueza das normas incriminadoras – e a legislação penal vigente é cheia delas –, é através da atividade jurisdicional que efetivamente se atinge o escopo normativo.

Logo, diante do texto da Constituição Federal de 1988 que consagra a necessidade de o advogado exercer seu múnus público com independência e autonomia, é inegável que as prerrogativas necessárias para o exercício de sua atividade constituem bem jurídico relevante para ser tutelado penalmente, não desnaturando a necessidade desta proteção a eventual elasticidade dos conceitos empregados no texto normativo incriminador.

4 A necessidade de serem conciliadas as imunidades da magistratura, do Ministério Público e da advocacia

A imunidade profissional é um dos pontos mais discutidos quando se fala em tipificação criminal das prerrogativas do advogado, mormente a garantida aos magistrados e membros do Ministério Público.

---

[28] BASTOS, Celso Ribeiro. *Hermenêutica e interpretação constitucional*. São Paulo: Celso Bastos, 1997. p. 14.

O questionamento que se levanta é quanto a eventual abuso praticado por advogados pautando-se na intimidação de autoridades públicas com base na suposta violação das prerrogativas da advocacia ou a utilização das mesmas como instrumento para a prática de outros delitos.

É senso comum que as imunidades concedidas aos juízes, promotores e advogados não constituem privilégios, mas garantias necessárias para o exercício de suas atividades, sem as quais suas atuações estariam sujeitas a intervenções externas a ponto de comprometer a imparcialidade e/ou independência.

Como qualquer outra garantia consagrada constitucionalmente, as concedidas aos membros do Judiciário, do Ministério Público e aos advogados não são absolutas,[29] não se compreendendo no texto constitucional qualquer direito imune a restrições. Conforme lição de Jorge Miranda,[30] "não há liberdades absolutas; elas aparecem, pelo menos, limitadas pela necessidade de assegurar as liberdades dos outros. O que varia é, sim, o sentido dos limites".

Suas limitações são obra do legislador infraconstitucional e somente a ele é dado agir nesta seara. Tanto é que, quando o Constituinte de 1988 entendeu que determinados direitos ou garantias poderiam ser restringidos, cuidou de expressar esta vontade no texto constitucional ao editar norma constitucional que José Afonso da Silva denomina "norma de eficácia contida".[31]

A explicação para tal modo de agir do Poder Constituinte, ao permitir que certos direitos ou garantias sejam restringidos pelo legislador ordinário, se "reafirma na ideia do Parlamento como órgão 'amigo' das liberdades, e da 'reserva de lei do Parlamento' como instrumento

---

[29] Segundo o Supremo Tribunal Federal, "não há, no sistema constitucional brasileiro, direitos ou garantias que se revistam de caráter absoluto, mesmo porque razões de relevante interesse público ou exigências derivadas do princípio de convivência das liberdades legitimam, ainda que excepcionalmente, a adoção, por parte dos órgãos estatais, de medidas restritivas das prerrogativas individuais ou coletivas, desde que respeitados os termos estabelecidos pela própria Constituição. O estatuto constitucional das liberdades públicas, ao delinear o regime jurídico a que estas estão sujeitas - e considerado o substrato ético que as informa - permite que sobre elas incidam limitações de ordem jurídica, destinadas, de um lado, a proteger a integridade do interesse social e, de outro, a assegurar a coexistência harmoniosa das liberdades, pois nenhum direito ou garantia pode ser exercido em detrimento da ordem pública ou com desrespeito aos direitos e garantias de terceiros" (MS nº 23.452/RJ, Relator o Ministro Celso de Mello, Tribunal Pleno, *DJ*, 12 maio 2000).

[30] MIRANDA, Jorge. *Manual de direito constitucional*. Coimbra: Coimbra, 1998. t. IV, p. 114.

[31] SILVA, José Afonso da. *Aplicabilidade das normas constitucionais*. 8. ed. São Paulo: Malheiros, 2012. p. 101.

privilegiado da defesa dos direitos, mesmo quando está em causa a própria restrição desses direitos".[32]

A propósito do texto do art. 133 da Constituição Federal, não há dúvida de que foi reservado ao legislador ordinário delimitar a extensão do direito a inviolabilidade dos atos e manifestações dos advogados no exercício de sua profissão, o que restou regulamentado pela Lei nº 8.906/94, espécie normativa esta que passou pelo crivo do controle de constitucionalidade quando do julgamento, no Supremo Tribunal Federal, da ADI nº 1.127/DF.

Em referido julgamento restou consignada a imprescindibilidade da coexistência das imunidades do magistrado, do promotor e do advogado, inadmitindo-se a atribuição de prerrogativas de caráter absoluto ao advogado, a qual se compreenderia na sua não incriminação por eventual desacato praticado em face daquelas autoridades, do contrário seria necessário retirar do magistrado a autoridade para conduzir e estabelecer a ordem na condução do processo.

Entretanto esta é uma realidade que nem sempre é presenciada no ambiente forense – coexistência de imunidades e urbanidade entre os protagonistas do foro. As capas dos periódicos[33] estampam inúmeros atentados às prerrogativas dos advogados, sejam públicos ou privados: magistrados que se recusam a receber advogados ao argumento de que isto representa violação à paridade de armas,[34][35] cerceiam o direito do advogado ter acesso aos autos de réu preso, intimidação de advogados públicos com fixação de multas e/ou prisão por crime de desobediência,[36][37] entre outros lamentáveis episódios.[38]

---

[32] CANOTILHO, J. J. Gomes. *Op. cit.*, p. 442.

[33] Crescem atritos entre juízes e advogados. *Folha de S.Paulo*. Disponível em: <http://www1.folha.uol.com.br/fsp/brasil/fc0911200811.htm>. Acesso em: mar. 2015.

[34] PRERROGATIVAS PROFISSIONAIS. OAB-DF representa contra juiz que se recusou a receber advogados em audiência. *Revista Consultor Jurídico*, 9 dez. 2014. Disponível em: <http://www.conjur.com.br/2014-dez-09/oab-df-representa-juiz-recusou-receber-advogados>. Acesso em: mar. 2015.

[35] PALAVRA DO CONSELHO. CNJ reafirma que juiz não pode se recusar a receber advogado. *Revista Consultor Jurídico*, 8 ago. 2007. Disponível em: <http://www.conjur.com.br/2007-ago-08/juiz_nao_recusar_receber_advogado_reafirma_cnj>. Acesso em: mar. 2015.

[36] Quanto à imputação do crime de desobediência ao advogado público em razão da demora no cumprimento de ordens judiciais por parte da Administração Pública, *vide* o julgamento proferido Pedido de Providências nº 0000749-61.2011.2.00.0000, do Conselho Nacional de Justiça:
"EMENTA. ADVOGADO PÚBLICO. DESCUMPRIMENTO DE DECISÃO JUDICIAL. PRISÃO. RECOMENDAÇÃO.
1. Não se pode admitir que advogados públicos sejam punidos com a pena mais grave em vigor neste País – a restrição da liberdade – por desempenharem as funções a eles

Não se nega que também existam profissionais da advocacia que excedem os limites do dever de urbanidade para com as demais autoridades, mas isto não minimiza a importância da criminalização das prerrogativas. Ao revés, há muito deveria ter sido excetuado o crime de desacato em que figurasse como vítima magistrado ou promotor público.

Para alento de todas as classes o desvirtuamento da conduta profissional ocorre em poucos casos, tanto nas carreiras públicas, como no ministério privado, mas esta estatística não dispensa a necessidade de haver maior rigor na proteção das prerrogativas da advocacia como mecanismo de prevenção geral, haja vista que os já existentes em outros ramos do direito são insuficientes para garantir o exercício da nobre atividade, onde a nova tipificação em nada agrediria a imunidade ou independência dos membros da magistratura e do Ministério Público.

5 Considerações finais

A tipificação de condutas atentatórias às prerrogativas dos advogados não constitui apenas um sintoma da inflação legislativa a que tanto criticam os penalistas. A explicação para sua imprescindibilidade se encontra na ausência de instrumentos jurídicos eficazes que garantam o exercício do múnus público exercido pelo advogado.

Diversos setores da sociedade clamam pela criação de um remédio que combata a arbitrariedade vivenciada nos foros judiciais,

---

acometidas por lei, ou seja, pelo exercício de suas atribuições funcionais. A determinação de prisão do advogado público por descumprimento de decisão judicial configura procedimento incorreto, nos termos da LOMAN, e enseja punição disciplinar.
2. Mesmo que promova as medidas judiciais para buscar a reforma das decisões que julgar merecedoras de reparo, não se pode admitir a punição do advogado público por descumprimento de ato que compete unicamente ao gestor do bem ou serviço em questão. O advogado tem o dever de recorrer das decisões que julgar equivocadas e é credor da inviolabilidade constitucionalmente assegurada para exercer sua atividade profissional.
3. Recomendação aos Tribunais no sentido de se absterem de ameaçar ou determinar a prisão de Advogados Públicos Federais e Estaduais diante de casos de descumprimento de decisões judiciais dirigidas aos gestores das Autarquias e Fundações.
4. Pedido procedente".

[37] PRERROGATIVAS DA FUNÇÃO. Juíza que mandou prender procurador será julgada. *Revista Consultor Jurídico*, 17 ago. 2010. Disponível em: <http://www.conjur.com.br/2010-ago-17/agu-cnj-punicao-juiza-mandou-prender-procurador>. Acesso em: mar. 2015.

[38] AÇÕES DA OAB. OAB Ceará formaliza reclamação contra Juiz do Trabalho por violação de prerrogativas. OAB NACIONAL. Disponível em: <http://www.prerrogativas.org.br/oab-ceara-formaliza-reclamacao-contra-juiz-do-trabalho-por-violacao-de-prerrogativas>. Acesso em: mar. 2015.

as quais geralmente vem acompanhadas de abertura de inquéritos embasados nos crimes de desacato ou de desobediência.

Neste contexto há que se ressaltar os diversos assaques à atuação dos advogados públicos, que no dia a dia se deparam com auxiliares da justiça em posse de ordens de prisão ou imposição de multas à sua pessoa por suposta desobediência por parte daqueles que representam em juízo. Esta é uma realidade do foro cotidiano, principalmente a partir do momento em que as políticas públicas passaram a constituir um dos principais itens da pauta do Judiciário.

O exercício da advocacia constitui bem jurídico tutelado constitucionalmente, não sendo desmedida ou contrária ao princípio da intervenção mínima a tipificação de condutas que transgridam as prerrogativas dos advogados, sendo equivocado afirmar que somente as garantias individuais inseridas no catálogo geral merecem a atenção do legislador penal.

Há que coexistirem as imunidades dos protagonistas do ambiente forense, uma vez que não há dever de subordinação, mas de urbanidade entre os membros da magistratura, Ministério Público e advocacia, constituindo a incriminação das prerrogativas destes remédio necessário a garantir-lhes o livre exercício de seu nobre ofício.

Referências

BARBOZA, Estefânia Maria de Queiroz; KOZICKI, Katya. Judicialização da política e controle judicial de políticas públicas. *Rev. direito GV* [online], v. 8, n. 1, p. 59-85, 2012.

BARROSO, Luís Roberto. *Da falta de efetividade à judicialização excessiva*: direito à saúde, fornecimento gratuito de medicamentos e parâmetros para a atuação judicial. Disponível em: <http://egov.ufsc.br/portal/conteudo/da-falta-de-efetividade-%C3%A0judicializa%C3%A7%C3%A3o-excessiva-direito-%C3%A0-sa%C3%BAde-fornecimento-gratuito-de-medicamentos e parâmetros para a atuação judicial>. Acesso em: mar. 2015.

BASTOS, Celso Ribeiro. *Hermenêutica e interpretação constitucional*. São Paulo: Celso Bastos, 1997.

CANOTILHO, J. J. Gomes. *Direito constitucional e Teoria da Constituição*. 4. ed. Coimbra: Almedina, 2005.

COSTA, Orlando Guedes da. *Direito profissional do advogado*: noções elementares. 6. ed. Coimbra: Almedina, 2008.

DECKER, F. John. Overbreadth outside the first amendment. *New Mexico Law Review*, Albuquerque, v. 34, 2004.

DERZI, Misabel de Abreu Machado. *Direito tributário, direito penal e tipo*. São Paulo: RT, 1988.

GUEDES, Jefferson Carús; SOUZA, Luciane Moessa de (Coord.). *Advocacia de Estado:* questões institucionais para a construção de um Estado de Justiça. Belo Horizonte: Fórum, 2009.

HÄBERLE, Peter. *Hermenêutica constitucional.* A sociedade aberta dos intérpretes da constituição: Contribuição para a interpretação pluralista e "procedimental" da constituição. Tradução Gilmar Ferreira Mendes. Porto Alegre: Sergio Fabris, 2002.

MIRANDA, Jorge. *Manual de direito constitucional.* Coimbra: Coimbra, 1998. t. IV.

NOVELINIO, Marcelo. *Manual de direito constitucional.* Volume único. 8. ed. São Paulo: Método, 2013.

ROXIN, Claus. *Derecho penal.* Parte General. Fundamentos. La estrutura de la teoria del delito. Trad. Espanhola Diego-Manuel Luzón Peña, Miguel Diaz Y Garcia Conlledo e Javier de Vicente Remensal. Madrid: Civitas, 1997. t. I.

SILVA, José Afonso da. *Aplicabilidade das normas constitucionais.* 8. ed. São Paulo: Malheiros, 2012.

ZAFFARONI, Eugenio Raú; PIERANGELI, José Enrique. *Manual de direito penal brasileiro.* 9. ed. São Paulo: RT, 2011. v. 1. Parte Geral.

Informação bibliográfica deste texto, conforme a NBR 6023:2002 da Associação Brasileira de Normas Técnicas (ABNT):

TAVARES, Ernesto Alessandro. A criminalização da violação das prerrogativas do advogado e a advocacia pública. *In*: BARBUGIANI, Luiz Henrique Sormani (Coord.). *Prerrogativas da advocacia pública*: direitos não são benefícios, mas instrumentos da democracia para uma atuação eficiente e ética no trato da coisa pública. Belo Horizonte: Fórum, 2016. p. 135-153. ISBN 978-85-450-0142-3.

SOBRE OS AUTORES

André Luiz Arnt Ramos
Mestrando em Direito das Relações Sociais junto ao Programa de Pós-Graduação em Direito da Universidade Federal do Paraná. Bacharel em Direito pela mesma instituição. Membro do Grupo de Pesquisa Virada de Copérnico. Associado ao IBDFam e ao IAP. Advogado em Curitiba, inscrito na OAB/PR sob o nº 74.037.

Bruno Grego Santos
Doutor em Direito do Estado pela Faculdade de Direito da Universidade de São Paulo, com estágio de doutoramento na Faculdade de Direito da Universidade de Coimbra e intercâmbio acadêmico na University of Notre Dame Australia. Advogado. Professor da Escola de Direito da Pontifícia Universidade Católica do Paraná. Procurador Municipal licenciado, presidente da Comissão de Advocacia Pública da OAB Maringá. Membro da Comissão de Advocacia Pública da OAB Paraná e membro do Instituto Brasileiro de Advocacia Pública.

Clóvis Alberto Bertolini de Pinho
Graduado em Direito pela Universidade Federal do Paraná. Mestrando em Direito do Estado pela Universidade de São Paulo.

Eduardo Moreira Lima Rodrigues de Castro
Mestre em Direito do Estado pela Universidade Federal do Paraná. Procurador do Estado do Paraná. Professor.

Ernesto Alessandro Tavares
Procurador do Estado do Paraná. Pós-Graduado em Direito Tributário pelo IBEJ.

Eroulths Cortiano Junior
Procurador do Estado do Paraná. Advogado inscrito na OAB/PR sob nº 15.389. Secretário-Geral da OAB/PR. Professor da Faculdade de Direito da UFPR. Doutor em Direito.

Leila Cuéllar
Mestre e Doutora em Direito pela Universidade Federal do Paraná e Pós-Graduada em Direito da Regulação Pública da Economia e Concorrência, pelo CEDIPRE, da Faculdade de Direito da Universidade de Coimbra. Procuradora do Estado do Paraná. Conselheira Estadual Suplente da OAB/PR (2013/2015), Presidente da Comissão da Advocacia Pública da OAB/PR (2007/2009, 2010/2012) e Membro da Comissão da Advocacia Pública da OAB/PR (2013/2015).

Luiz Henrique Sormani Barbugiani (Coord.)
Mestre em Direito pela Faculdade de Direito da Universidade de São Paulo (USP). Graduado em Direito pela Universidade Estadual Paulista (UNESP), com habilitação especial em Direito Empresarial. Pós-graduado *lato sensu* em Direito Processual Civil, Direito Material e Processual do Trabalho, Direito Tributário, Ciências Penais, Direito Sanitário e Saúde Pública. Membro do Instituto Brasileiro de Advocacia Pública (IBAP). Membro do Instituto Brasileiro de Ciências Criminais. Membro Pesquisador do Instituto Brasileiro de Direito Social Cesarino Junior – Seção brasileira da "Société Internationale de Droit du Travail et de la Sécurité Sociale" (SIDTSS). Procurador do Estado do Paraná. Ex-Procurador de Municípios no Estado de São Paulo.

Esta obra foi composta em fonte Palatino Linotype, corpo 10
e impressa em papel Offset 75g (miolo) e Supremo 250g (capa)
pela Gráfica e Editora O Lutador, em Belo Horizonte/MG.